ÉTONNANTS • CLASSIQUES

MOLIÈRE

Le Malade imaginaire

Présentation, notes, chronologie, cahier photos et dossier par
Claire Joubaire,
professeure de lettres

Cahier photos et dossier mis à jour par
Laure Demougin,
professeure de lettres

Flammarion

**De Molière
dans la collection « Étonnants Classiques »**

L'Amour médecin. Le Sicilien ou l'Amour peintre
L'Avare
Le Bourgeois gentilhomme
Dom Juan
L'École des femmes
Les Fourberies de Scapin
George Dandin
Le Malade imaginaire
Le Médecin malgré lui
Le Médecin volant. La Jalousie du Barbouillé
Le Misanthrope
Les Précieuses ridicules
Le Tartuffe

© Éditions Flammarion, 2012.
Édition revue en 2018, 2020 et 2022.
ISBN : 978-2-0802-8505-8
ISSN : 1269-8822
N° d'édition : L.01EHRN000736.N001
Dépôt légal : mai 2022
Imprimé à Barcelone par: CPI Black Print

SOMMAIRE

■ **Présentation** 9

Qui était Molière ? 9
La comédie-ballet, à la croisée des genres 14
Le Malade imaginaire 18

■ **Chronologie** 21

Le Malade imaginaire

Le prologue	33
Autre prologue	43
Acte premier	45
Premier intermède	71
Acte II	86
Second intermède	115
Acte III	119
Troisième intermède	149

■ **Dossier**..................................**159**

Étude de l'œuvre **160**
Parcours : « Spectacle et comédie » **169**
Le personnage caché dans la comédie **169**
Le théâtre dans le théâtre **181**
Vers l'écrit du bac **194**
Prolongement : lectures cursives **196**

Qui était Molière ?

Le choix du théâtre

Jean-Baptiste Poquelin – qui deviendra le célèbre Molière – naît à Paris en 1622, dans une famille appartenant à la bourgeoisie aisée. Son père exerce le métier de tapissier. Cette fonction le conduit, sans être noble, à fréquenter la plus haute aristocratie. En 1631, alors que Jean-Baptiste est encore enfant, il achète la charge de « tapissier ordinaire et valet de chambre du roi » : c'est à lui que revient le soin de décorer les appartements du souverain, et le grand honneur... de rabattre la couverture de son lit chaque matin ! Deux ans plus tard, cette charge devient héréditaire : elle échoira de droit à Jean-Baptiste. L'avenir du jeune homme semble donc tout tracé : aujourd'hui les études – en latin – au collège de Clermont (l'actuel lycée Louis-le-Grand), et demain, afin de se familiariser avec les manières des grands, la faculté de droit, puis le métier de tapissier et la carrière à la cour...

C'est compter sans un événement inattendu : l'amour que Jean-Baptiste se découvre pour le théâtre et pour la comédienne Madeleine Béjart. La rencontre de la jeune femme en 1643 modifie le cours de sa vie : il renonce à la charge de tapissier, qu'il cède à son frère cadet, et, à vingt et un ans, entreprend, avec Madeleine et ses frères, de monter une troupe qu'ils baptisent « l'Illustre-Théâtre ». L'année suivante, il choisit le pseudonyme sous lequel il connaîtra la gloire : Molière.

La décision du jeune garçon est audacieuse : si la carrière d'homme de théâtre peut sembler plus exaltante que la voie à laquelle sa naissance l'a destiné, elle est aussi plus hasardeuse. En effet, la profession de comédien est méprisée par la société et condamnée par l'Église[1]. En outre, pour les jeunes acteurs de l'Illustre-Théâtre, le succès est loin d'être assuré. Bien que le théâtre soit un divertissement à la mode, tant auprès d'un public populaire que de la haute bourgeoisie et de l'aristocratie, les salles qui lui sont dédiées sont encore peu nombreuses. En outre, de grandes compagnies tiennent le haut de l'affiche à Paris, si bien qu'il est difficile pour une petite troupe de trouver sa place. En deux ans, l'Illustre-Théâtre accumule plus de dettes que de succès, et finit par faire faillite. En 1645, incapable de rembourser l'argent qu'il doit à ses fournisseurs, Molière est envoyé en prison.

De la prison au théâtre du Palais-Royal

Malgré cet échec, Molière ne renonce pas à sa vocation : avec Madeleine Béjart, Geneviève et Joseph (la sœur et le frère de la jeune femme), il rejoint la troupe itinérante du comédien Dufresne qui sillonne le pays. Leur tournée durera treize ans. Molière prend rapidement la tête de la compagnie, pour laquelle il écrit ses premières comédies : *L'Étourdi*, qu'il monte à Lyon en 1655, puis *Le Dépit amoureux*, à Béziers l'année suivante. La troupe trouve son public, accroît sa renommée, et reçoit des subventions de mécènes[2] de plus en plus puissants : d'abord le

---

1. À l'époque, l'Église considère que le théâtre pervertit les bonnes mœurs et détourne les fidèles de la religion.
2. *Mécènes* : personnes fortunées qui aident les artistes en leur offrant de généreuses subventions.

duc d'Épernon, puis le prince de Conti – troisième personnage de la cour, après le roi et son frère. Mais, en 1656, le prince se convertit à une forme intransigeante de catholicisme – qui voit le théâtre d'un très mauvais œil – et retire son soutien. Démunis, les acteurs décident de retenter leur chance à Paris.

Peu après son arrivée dans la capitale, en 1658, la troupe est placée sous la protection de « Monsieur », Philippe d'Orléans, frère du roi. C'est par son intermédiaire que, pour la première fois, Molière est invité à jouer devant le souverain. L'enjeu de cette représentation est de taille : le roi Louis XIV accorde un rôle central aux arts et sait se montrer généreux à l'égard des artistes talentueux. Lui plaire signifie avoir peut-être la chance de bénéficier d'une subvention, qui mettrait la troupe à l'abri du besoin, et se voir attribuer une des salles de théâtre qui viennent d'être construites à Paris... Molière choisit d'interpréter une tragédie de Corneille, *Nicomède*, et une farce qu'il a écrite lui-même, *Le Docteur amoureux*. Le roi bâille devant la tragédie mais rit à la petite farce. Dès lors, il offre à la troupe de Molière la scène du théâtre du Petit-Bourbon, qu'elle partage avec les Comédiens-Italiens menés par Tiberio Fiorilli (1600-1694), plus connu sous le nom du personnage qu'il interprète : Scaramouche. C'est sur cette scène que la troupe de Molière connaît ses premiers succès : *Le Médecin volant* (1659), *Sganarelle ou le Cocu imaginaire* et *La Jalousie du Barbouillé* (1660). En 1661, les deux troupes déménagent dans le prestigieux théâtre du Palais-Royal : Molière est alors l'un des dramaturges les plus célèbres de France.

Molière, comédien du roi

Désormais, il compose des pièces pour son théâtre ou sur commande, pour agrémenter les fêtes données par de riches aristocrates. À l'occasion d'une réjouissance programmée en l'honneur du roi, son puissant surintendant des Finances, Nicolas Fouquet, demande à Molière de créer un spectacle avec le chorégraphe Pierre Beauchamps. En août 1661, les deux artistes montent *Les Fâcheux*, une pièce qui mêle comédie, ballets et chants : c'est la naissance d'une forme de spectacle inédite, la comédie-ballet. En proposant un divertissement qui cumule les genres préférés de son roi – la musique, la danse et le théâtre –, Fouquet a vu juste : Louis XIV est enchanté par le spectacle.

La carrière de Molière s'accélère alors : en 1663, le monarque l'invite au château de Versailles afin qu'il y représente plusieurs spectacles, dont *Les Fâcheux*. En 1664, il lui commande une nouvelle comédie-ballet, pour laquelle il lui impose de collaborer avec un jeune et talentueux musicien d'origine italienne qu'il apprécie tout particulièrement, Jean-Baptiste Lully. Ce sera *Le Mariage forcé*. Quelques mois plus tard, les deux artistes bénéficient d'un budget important pour créer un spectacle qui constituera l'un des clous d'une fête somptueuse organisée par le roi dans les jardins du château de Versailles, *Les Plaisirs de l'Île enchantée.* Le musicien et le dramaturge relèvent le défi avec brio : *La Princesse d'Élide* recueille les suffrages de la cour et du roi, et accroît encore la gloire de Molière. Le succès rencontré auprès de Louis XIV ne se démentira pas : en 1665, il accorde à la troupe de Molière le titre de « troupe du roi ».

Le triomphe à la cour et à la ville

Entre 1664 et 1671, au rythme d'un à deux spectacles par an, Molière et Lully créent ensemble onze comédies-ballets, dont *L'Amour médecin* (1665), *Le Sicilien ou l'Amour peintre* (1667), *George Dandin* (1668) et *Le Bourgeois gentilhomme* (1670). Ces spectacles sont représentés dans les plus beaux châteaux du roi, devant le souverain et sa cour, puis repris dans une version plus simple sur la scène du Palais-Royal, pour le public parisien. Parallèlement, Molière continue d'écrire et de mettre en scène d'autres pièces, à la cour (c'est-à-dire devant le roi) et à la ville (dans la salle du Palais-Royal). Il alterne les petites comédies (proches de celles qui constituèrent son premier succès), comme *Le Médecin malgré lui* (1666) et *Les Fourberies de Scapin* (1671), et les grandes comédies, qui entendent rivaliser avec la prestigieuse tragédie, composées comme cette dernière en cinq actes et parfois en vers : ainsi en est-il de *L'École des femmes* (1662), du *Misanthrope* (1666) et des *Femmes savantes* (1672). Beaucoup de ces spectacles rencontrent un grand succès et, même si certaines pièces font scandale – comme *Le Tartuffe* et *Dom Juan*, qui attaquent l'hypocrisie religieuse –, Louis XIV multiplie les signes d'amitié à l'égard du comédien et lui accorde de généreuses subventions !

Toutefois, le statut privilégié de Molière, ainsi que ses pièces dans lesquelles il n'hésite pas à attaquer les hommes les plus puissants du royaume, lui attirent de solides rancunes. Ses ennemis lui reprochent son immoralité, dans ses pièces comme dans sa vie privée : quand il épouse Armande Béjart, la sœur cadette de Madeleine, se met à courir la folle rumeur qu'il s'agit en réalité de la fille de Madeleine, voire de la propre fille de Molière ! En outre, en 1671, une dispute met fin à sa collaboration avec Lully.

Molière continue cependant à mettre en scène ses spectacles. Il monte une dernière comédie-ballet, en collaboration avec Marc Antoine Charpentier : *Le Malade imaginaire*. Il meurt un soir de février 1673, quelques heures après avoir interprété sur scène le rôle principal de cette dernière pièce. Le prêtre arrive trop tard pour lui faire abjurer sa profession de comédien, condition alors indispensable pour être enterré religieusement. Néanmoins, grâce à l'intervention de Louis XIV, Molière est inhumé au cimetière Saint-Joseph, au cours d'une cérémonie nocturne. Après sa mort, ses spectacles seront souvent repris, avec beaucoup de succès, aussi bien à la cour qu'à Paris.

La comédie-ballet, à la croisée des genres

La comédie-ballet est un genre composite, qui mêle de manière originale des éléments issus de spectacles très différents : la tradition populaire de la farce et la fantaisie de la *commedia dell'arte* – pour la comédie –, et les ballets sophistiqués que l'on donne dans les palais du roi – pour les parties dansées et chantées.

La farce

La farce est une forme de théâtre comique qui remonte au Moyen Âge. Enfant, Molière a pu assister à ces spectacles populaires : dans les foires, le public est nombreux à apprécier ces comédies, et il arrive que des « opérateurs » (médecins autodidactes qui proposent leurs services à peu de frais) engagent des comédiens pour attirer la foule devant leur échoppe. Pièces courtes, les farces mettent en scène des personnages issus du peuple, qui s'expriment dans un langage familier et sont volontiers caricaturaux. Le trio qui réunit l'amant rusé, la femme infidèle et le mari cocu est décliné sous toutes ses formes pour faire rire le public. Les comédiens n'hésitent pas à recourir à un humour grossier, voire obscène. Le comique s'appuie en grande partie sur le jeu des acteurs : gestes endiablés, imitation des accents les plus divers, mimiques expressives, etc. Dans *Le Malade imaginaire*, les allusions aux selles d'Argan s'inscrivent dans cette tradition farcesque, mais l'intrigue, élaborée, s'en distingue : elle repose, comme souvent dans les comédies de Molière, sur le thème du mariage contrarié (Argan refuse de marier sa fille à un prétendant qui ne soit pas médecin).

La *commedia dell'arte*

Pour ses comédies-ballets Molière emprunte également au répertoire de la troupe avec laquelle il partage le théâtre du Palais-Royal : la *commedia dell'arte* («théâtre de professionnels», en français). L'expression désigne une forme théâtrale pratiquée par les premières troupes professionnelles de comédiens italiens entre le milieu du XVIe siècle et la fin du XVIIIe siècle. Elle est importée en France à la fin du XVIe siècle par des troupes itinérantes qui proposent leurs spectacles en province et à Paris. Au milieu du XVIIe siècle, elle connaît un succès croissant dans la capitale, qui, dès 1653, accueille la troupe italienne de Scaramouche. Les spectacles de la *commedia dell'arte* mettent en scène des personnages récurrents et stéréotypés, que les spectateurs reconnaissent grâce à leur costume et à leur masque : des valets rusés (comme Arlequin), des vieillards avares (Pantalon), des jeunes filles amoureuses (Colombine)...

Le texte des pièces n'est pas écrit : un simple canevas, préparé par le chef de troupe, résume les étapes importantes de l'intrigue et les principaux gags (*lazzi*). Cette esquisse de scénario laisse les comédiens libres d'improviser certaines scènes et de réinventer l'intrigue au fur et à mesure des répétitions. Ils privilégient ainsi un jeu «naturel», moins codifié que celui des comédiens français de la même époque. L'intrigue est en outre secondaire par rapport aux effets de comique : peu importe que les situations soient abracadabrantes pourvu que le public rie !

Dans *Le Malade imaginaire*, on perçoit l'influence de la *commedia dell'arte* dans le personnage de Toinette, une servante rusée qui constitue une sorte de double féminin d'Arlequin, et dans ceux d'Angélique et de Cléante, un couple typique de jeunes amants issus chacun d'une bonne famille et dont le mariage est empêché par le père extravagant de la jeune fille. Mais l'influence de la *commedia dell'arte* sur *Le Malade imaginaire* est surtout perceptible dans les personnages de médecins, ridicules et arrogants, qui rappellent le *Dottore* (« Docteur », en italien), dont l'ignorance n'a d'égale que la prétention. Enfin, les intermèdes musicaux mettent en scène un personnage phare de la *commedia dell'arte*, Polichinelle[1]. Même si celui-ci n'apparaît pas dans les spectacles de la troupe de Scaramouche, son costume blanc et son colachon — instrument à cordes remplacé par un luth dans la pièce de Molière — sont bien connus du public parisien, qui le voit évoluer dans de nombreux ballets de cour.

Les ballets de cour et le théâtre en musique

Les ballets constituent une autre source d'inspiration de Molière. À la cour du Roi-Soleil, ils occupent une place centrale : Louis XIV les apprécie car ils lui permettent de se mettre en scène en monarque tout-puissant. Aussi organise-t-il régulièrement de somptueux ballets de cour, comme *Les Fêtes de Bacchus*

---

1. Dans la *commedia dell'arte*, le personnage de Polichinelle est un petit homme lâche mais fanfaron. Il se nomme d'ailleurs Pulcinella en italien, c'est-à-dire « petit poussin », car il préfère piailler plutôt qu'agir. Ce fripon est essentiellement caractérisé par sa fourberie et son apparence disgracieuse : son nez est rouge et crochu et, parce que le diable l'aurait laissé tomber de son dos étant enfant, Polichinelle est bossu.

en 1651 et *L'Amour malade* en 1657. Ces spectacles, dans lesquels danse la noblesse – et parfois le roi lui-même –, mêlent la musique, le chant, la danse et de courts passages dialogués qui rapprochent le genre du théâtre. Mais, à la différence des pièces de Molière notamment, ils ne présentent pas de réelle intrigue : ils sont constitués de différents tableaux qui s'enchaînent, simplement liés entre eux par un thème commun.

En 1661, lorsque Fouquet demande à Molière de s'associer à un musicien pour créer un nouveau divertissement royal (*Les Fâcheux*), le dramaturge puise dans son expérience du ballet de cour. En effet, avant de composer ses comédies-ballets, il a assisté à de nombreux spectacles dansés et chantés et en a même conçu un en l'honneur du prince et de la princesse de Conti (monté à Montpellier en 1655). Le succès de cette première comédie-ballet consacre l'alliance du théâtre et de la danse. Molière n'est cependant pas le premier dramaturge à travailler au côté d'un musicien pour créer un spectacle où se mêlent ces différents arts. Depuis les années 1650, les auteurs dramatiques ont pris l'habitude d'intégrer des passages chantés à leurs pièces, sous l'influence de l'opéra – genre nouveau venu d'Italie et qui enchante le public français. On peut assister à la cour à de nombreuses pastorales chantées, c'est-à-dire des spectacles qui mettent en scène les amours de bergers et de bergères dans une campagne idéalisée, reprenant ainsi un thème littéraire de l'Antiquité. Certaines tragédies sont également accompagnées de musique, comme *Andromède* de Corneille, montée en 1650 en collaboration avec le musicien d'Assoucy, et que Molière reprendra, avec sa troupe, trois ans plus tard.

Dans *Le Malade imaginaire*, Molière s'inspire de la pastorale pour ses personnages mythiques et son atmosphère champêtre ; aux ballets de cour, il emprunte les chorégraphies et certains thèmes ou motifs : ainsi, la pièce s'achève par une scène en musique où le héros obtient son diplôme de médecin... ou plutôt, selon Molière, de charlatan ! De même, la réception d'un imbécile nommé Docteur est un épisode récurrent des ballets de cour. La grande innovation de Molière consiste à faire de cette scène un passage à la fois chanté et dansé dont il élargit la portée : loin d'être un simple gag, le troisième intermède constitue le dénouement de l'intrigue elle-même.

Le Malade imaginaire

Un spectacle musical créé pour le Carnaval

Le Malade imaginaire est la première comédie-ballet de Molière qui ne soit pas représentée devant le roi du vivant du dramaturge. Pourtant, il ne faut probablement pas voir dans cette singularité la marque d'un discrédit de Molière auprès du roi, mais plutôt la conséquence d'une dispute qui met fin à la collaboration de Molière et de Lully, quelques mois plus tôt. En effet, le musicien italien a su se montrer assez habile pour obtenir du roi l'exclusivité des spectacles musicaux destinés à la cour (ces derniers relèvent désormais de l'Académie royale de musique, que Lully dirige). *Le Malade imaginaire* étant un spectacle musical, si Molière ne travaille plus avec Lully mais avec un autre musicien, la pièce ne peut plus être représentée dans un palais du roi – au Louvre ou à Versailles – mais doit être créée « pour la ville », c'est-à-dire pour le théâtre du Palais-Royal. Cette contrainte n'empêche pas Molière de travailler avec un grand musicien, Marc Antoine Charpentier, et avec le chorégraphe de ses comédies-ballets précédentes, Pierre Beauchamps, afin de créer un spectacle comique, chanté et dansé, pour le Carnaval de 1673. Et de la dédier, dans son prologue... au roi[1] !

Une satire de la médecine

Le Malade imaginaire met en scène un héros nommé Argan, interprété par Molière en personne, qui se trouve être la naïve victime de la charlatanerie des médecins. Alors qu'il est en pleine forme, il leur fait confiance au point de croire à tous leurs diagnostics et de se penser très malade... Pour avoir auprès de lui une personne qui puisse le soigner, et aussi pour économiser les précieux deniers qu'il dépense chez son apothicaire, il veut obliger sa fille à épouser un médecin, même si celui-ci est laid, idiot et désagréable ! Conçue comme une véritable comédie, la pièce prend néanmoins une dimension nouvelle lorsque, quelques heures après la fin de la quatrième représentation, Molière, qui vient d'interpréter son personnage d'hypocondriaque[2] sur scène, succombe lui-même à une maladie bien réelle. À la lumière de ce tragique événement, on a longtemps affirmé que, malade depuis de longues années, Molière s'était nourri de son expérience de patient pour railler la médecine et se venger ainsi de la prétention et de l'incompétence de ceux qui la pratiquent aux dépens de leurs clients.

En réalité, rien ne prouve que Molière se savait malade quand il imagina *Le Malade imaginaire*[3] et il est difficile de dire s'il s'est inspiré de médecins qu'il avait rencontrés pour créer les

---

1. Voir note 1, p. 33.
2. *Hypocondriaque* : individu persuadé, à tort, qu'il est malade.
3. Voir l'édition des *Œuvres complètes* de Molière, dans la collection « Bibliothèque de la Pléiade », dir. Georges Forestier et Claude Bourqui (Gallimard, 2010).

effrayants – mais très drôles – M. Purgon (médecin d'Argan), le docteur Diafoirus et son fils, et M. Fleurant (l'apothicaire qui prépare leurs potions et les vend – très cher !). En effet, la satire de la médecine à laquelle se livre ici Molière correspond à une tradition comique déjà bien établie à cette époque : nombreuses sont les farces et les pièces de la *commedia dell'arte* qui mettent en scène des médecins grotesques. Molière lui-même a déjà composé plusieurs œuvres sur ce thème : *Le Médecin volant* – une de ses premières pièces, dans laquelle un pseudo-médecin abuse de la crédulité de l'homme qui le consulte au sujet de sa fille malade –, *L'Amour médecin* – comédie-ballet dans laquelle il tourne en ridicule les médecins du roi – et *Le Médecin malgré lui* – où un bûcheron devient du jour au lendemain un médecin que tout le monde croit sur parole à la seule vue de son habit !

Comme dans ses pièces précédentes, Molière concentre sa critique sur l'arrogance des médecins, qui refusent de reconnaître l'inefficacité, voire la dangerosité de leurs méthodes, sous prétexte qu'ils les ont apprises à l'Université... alors même qu'elles reposent sur des préceptes vieux de près de vingt siècles ! Pour ces médecins, peu importe que le patient succombe, du moment que le protocole, enseigné à l'école – et en latin –, a été respecté à la lettre. Molière dénonce également l'avidité de ces individus : s'ils n'ont aucun scrupule à fournir des remèdes inutiles à leurs patients, c'est qu'ils font payer très cher leurs prestations. Enfin, en mettant en scène ces personnages de médecins ridicules, Molière utilise aussi les ressorts comiques de la scatologie : il n'hésite pas à multiplier les références aux nombreux lavements qu'ils infligent au pauvre Argan – ces traitements qui consistent à injecter de l'eau par l'anus du patient pour purger son corps de toutes ses impuretés supposées, et dont le principal résultat est ici... de l'envoyer sans cesse aux toilettes.

CHRONOLOGIE

1622 1673
1622 1673

- Repères historiques et culturels
- Vie et œuvre de l'auteur

Repères historiques et culturels

1610	Assassinat d'Henri IV. Louis XIII n'a que neuf ans : la régence est assurée par sa mère, Marie de Médicis.
1617	Début du règne personnel de Louis XIII.
1624	Richelieu devient chef du Conseil du roi.
1627	Fondation de la Compagnie du Saint-Sacrement (parti dévot).
1627-1629	Guerre contre les protestants.
1629	Succès de *Mélite*, première comédie de Corneille.
1634-1639	Richelieu construit le Palais-Cardinal, futur Palais-Royal.
1635	Reprise de la guerre de Trente Ans qui oppose, depuis 1618, la France et l'empire des Habsbourg (Autriche, Allemagne, Espagne et Flandres). Richelieu fonde l'Académie française. *Médée*, première tragédie de Corneille. Dans la dernière scène, la magicienne s'envole grâce aux machines du décor.
1636	Succès de la comédie *L'Illusion comique*, et triomphe de la tragi-comédie *Le Cid*, de Corneille, au théâtre du Marais.
1638	Naissance du futur Louis XIV, fils de Louis XIII et de la reine, Anne d'Autriche.
1639	Naissance de Racine.
1640	Arrivée à Paris de Tiberio Fiorilli, dit Scaramouche, et de sa troupe de comédiens italiens. *Horace*, *Cinna*, tragédies de Corneille.
1642	Mort de Richelieu ; Mazarin devient Premier ministre. Création de la congrégation de Saint-Sulpice, hostile au théâtre et qui combattra Molière. *Polyeucte*, tragédie, *Le Menteur*, comédie, de Corneille.
1643	Mort de Louis XIII. Début du règne de Louis XIV, qui n'a que cinq ans. Sa mère, Anne d'Autriche, assure la régence, secondée par Mazarin.

Vie et œuvre de l'auteur

1622   Janvier : naissance à Paris de Jean-Baptiste Poquelin.

1631   Son père achète la charge de «tapissier et valet de chambre ordinaire du roi».

1635   Entrée au collège de Clermont (actuel lycée Louis-le-Grand).

1637   Jean-Baptiste Poquelin s'engage à reprendre la charge de son père, devenue héréditaire.

1640   Il effectue des études de droit à Orléans.

1642   Il abandonne la carrière d'avocat et rencontre Madeleine Béjart.

1643   Il renonce à la charge de «tapissier ordinaire du roi». Il fonde «l'Illustre-Théâtre» avec les Béjart.

Repères historiques et culturels

1643-1648 Suite et fin de la guerre contre les Habsbourg. La France sort victorieuse de ce conflit et agrandit son territoire.

1644 Un incendie détruit la salle du théâtre du Marais. Ouverture quelques mois plus tard d'une nouvelle salle, dotée de machines.

1647 *Orfeo*, opéra italien de Rossi et Butti.

1648-1652 La Fronde : un certain nombre de parlementaires puis de princes se révoltent contre le pouvoir royal. Mazarin aide le roi à rétablir son autorité.

1650 *Andromède*, de Corneille, tragédie à machines créée au théâtre du Petit-Bourbon.

1653 Une troupe de comédiens italiens s'installe au théâtre du Petit-Bourbon.
Création du *Ballet de la Nuit* (musique de Lully) : le jeune Louis XIV y tient le rôle du Soleil.

1654 Sacre de Louis XIV.

1655 *Le Triomphe de l'amour sur les bergers et les bergères*, de Charles de Beys et Michel de La Guerre, est représenté au Louvre : il s'agit de la première pièce de théâtre entièrement chantée.

1660 Mariage de Louis XIV et de Marie-Thérèse, infante d'Espagne. Destruction du théâtre du Petit-Bourbon. Travaux de réhabilitation du théâtre du Palais-Royal.

Vie et œuvre de l'auteur

1644 Jean-Baptiste Poquelin prend le nom de Molière.

1645 Faillite de l'Illustre-Théâtre. Molière est couvert de dettes et emprisonné au Châtelet. Un ami intervient aussitôt pour le faire libérer.
Molière et les Béjart rejoignent la troupe itinérante de Dufresne : début des tournées en province.

1650 La troupe reçoit une pension et Molière devient chef de troupe.

1653 Molière met en scène *Andromède*, de Corneille (musique de Dassoucy).
Le prince de Conti accorde sa protection à la troupe.

1655 *L'Étourdi ou les Contretemps*, première comédie écrite par Molière, est jouée à Lyon.

1656 *Le Dépit amoureux* (farce).

1657 Rupture du prince de Conti avec la troupe de Molière.

1658 Retour de Molière et de sa troupe à Paris. Monsieur, frère du roi, leur accorde sa protection : ils s'installent au théâtre du Petit-Bourbon.
Première représentation devant le roi : *Nicomède*, tragédie de Corneille, et *Le Docteur amoureux*, farce de Molière, au Louvre.

1659 *Le Médecin volant* (farce) et *Les Précieuses ridicules* (comédie).

1660 *La Jalousie du Barbouillé* et *Sganarelle ou le Cocu imaginaire* (farces). Molière assume la charge paternelle de tapissier du roi.

Repères historiques et culturels

1661 Mort de Mazarin et début du règne personnel de Louis XIV. Début de la construction du château de Versailles.

1662 Création de l'Académie royale de danse.

1663 Louis XIV attribue les premières pensions aux hommes de lettres et fonde l'Académie des inscriptions et belles-lettres.

1664 *La Thébaïde,* première tragédie de Racine.

1665 *Alexandre le Grand*, tragédie de Racine, dédiée à Louis XIV. *Ballet de la naissance de Vénus,* où Louis XIV joue Alexandre le Grand.

1666-1667 Du 2 décembre 1666 au 19 février 1667, grandes fêtes au château de Saint-Germain-en-Laye, au cours desquelles est représenté le *Ballet des Muses* (musique de Lully).

1667 Création d'*Andromaque*, tragédie de Racine.

Vie et œuvre de l'auteur

1661   Installation au théâtre du Palais-Royal.
La pièce *Les Fâcheux*, première comédie-ballet de Molière, est représentée au château de Vaux-le-Vicomte à l'occasion d'une fête donnée par Nicolas Fouquet, en présence du roi.
Au Palais-Royal, la troupe joue *L'École des maris* (petite comédie qui préfigure *L'École des femmes*).

1662   Molière épouse Armande Béjart, la sœur de Madeleine.
Premier séjour de la troupe à la cour.
L'École des femmes (grande comédie), créée au théâtre du Palais-Royal, provoque un grand débat, pendant plus d'un an.

1663   Vives critiques contre *L'École des femmes*. Molière y répond dans deux comédies : *La Critique de l'École des femmes* (théâtre du Palais-Royal) et *L'Impromptu de Versailles* (joué à Versailles). Il reçoit une gratification royale de mille livres par an.

1664   *Le Mariage forcé*, au palais du Louvre, première collaboration de Molière et Lully.
En mai, la troupe participe aux *Plaisirs de l'Île enchantée*, festivités données par le roi à Versailles : elle reprend *Les Fâcheux* et *Le Mariage forcé* et crée *La Princesse d'Élide* (comédie-ballet, musique de Lully) et *Le Tartuffe* (grande comédie). Cette dernière pièce est aussitôt interdite et déclenche une véritable bataille.
Le roi accepte d'être le parrain du fils de Molière, mais l'enfant meurt prématurément.

1665   *L'Amour médecin* est représenté à Versailles (comédie-ballet, musique de Lully).
La troupe obtient le titre de « troupe du roi » et une pension de six mille livres.
Dom Juan (grande comédie) fait scandale au théâtre du Palais-Royal. La pièce est retirée de l'affiche.

1666-1667   *Le Misanthrope* (grande comédie) et *Le Médecin malgré lui* (farce), au théâtre du Palais-Royal.
Mélicerte (comédie pastorale), *Pastorale comique*, *Le Sicilien ou l'Amour peintre* (comédies-ballets), créées pour le *Ballet des Muses*, en collaboration avec Lully.

Repères historiques et culturels

1667-1668 Conquête de la Flandre par les troupes françaises.

1668 Publication du premier recueil des *Fables* de La Fontaine.
Création des *Plaideurs,* comédie de Racine.
À Versailles, *Fêtes de l'Amour et de Bacchus.*

1669 Fondation de la première Académie royale de musique.

1672 Louis XIV installe la cour à Versailles.

1672-1673 Conquête de la Hollande.

1673 Création de la première tragédie lyrique (ou « tragédie en musique »), *Cadmus et Hermione*, de Lully et Quinault.

Vie et œuvre de l'auteur

1668 Au théâtre du Palais-Royal, *Amphitryon* (comédie d'intrigue), *L'Avare* (grande comédie) et, au château de Versailles, *George Dandin* (comédie-ballet, musique de Lully).

1669 Autorisation de jouer *Le Tartuffe* : la pièce rencontre un grand succès.
Monsieur de Pourceaugnac est créé au château de Chambord (comédie-ballet, musique de Lully).

1670 *Les Amants magnifiques*, au château de Saint-Germain-en-Laye (comédie-ballet), et *Le Bourgeois gentilhomme*, au château de Chambord (comédie-ballet, musique de Lully).

1671 *Psyché*, au palais des Tuileries (tragédie-ballet, musique de Lully) : grand succès.
Les Fourberies de Scapin, au théâtre du Palais-Royal (farce).
La Comtesse d'Escarbagnas, au château de Saint-Germain-en-Laye (comédie-ballet, musique de Lully).
Mort de Madeleine Béjart.
Une dispute met fin à la collaboration de Molière et Lully.

1672 *Les Femmes savantes*, au théâtre du Palais-Royal (grande comédie).

1673 *Le Malade imaginaire*, au théâtre du Palais-Royal (comédie-ballet, musique de Charpentier).
17 février : mort de Molière.

1674 *Le Malade imaginaire* est représenté lors des *Divertissements de Versailles* (fêtes données en l'honneur du roi).

NOTE SUR LA PRÉSENTE ÉDITION : nous suivons ici le texte établi par La Grange en 1682 pour les *Œuvres complètes de Monsieur de Molière*. Comme tous les éditeurs de la pièce, nous reproduisons le dialogue entre Polichinelle et la Vieille, dans le premier intermède, qui, tout comme l'« Autre prologue », figure dans le livret de la pièce publié en 1674, soit après la mort de Molière survenue en février 1673. Après cet événement, la salle du Palais-Royal où jouait la troupe de Molière est confiée à Lully. Afin de renforcer sa position auprès du roi, ce dernier s'arrange pour que la pièce de Molière ne puisse plus y être représentée, en faisant passer le 30 avril 1673 une ordonnance qui défend aux comédiens d'avoir plus de deux chanteurs et six violons. Pour déjouer cet obstacle, la troupe remplace le prologue initial de 1673, qui devenait impossible à monter, par celui de la Bergère.

Le Malade imaginaire

Comédie
mêlée de musique et de danses
représentée pour la première fois
sur le théâtre de la salle du Palais-Royal
le 10 février 1673
par la troupe du roi

PERSONNAGES

ARGAN, malade imaginaire.
BÉLINE, seconde femme d'Argan.
ANGÉLIQUE, fille d'Argan, et amante de Cléante.
LOUISON, petite fille d'Argan, et sœur d'Angélique.
BÉRALDE, frère d'Argan.
CLÉANTE, amant d'Angélique.
MONSIEUR DIAFOIRUS, médecin.
THOMAS DIAFOIRUS, son fils, et amant d'Angélique.
MONSIEUR PURGON, médecin d'Argan.
MONSIEUR FLEURANT, apothicaire.
MONSIEUR BONNEFOY, notaire.
TOINETTE, servante.

La scène est à Paris.

LE PROLOGUE

Après les glorieuses fatigues et les exploits victorieux[1] de notre auguste[2] monarque, il est bien juste que tous ceux qui se mêlent d'écrire travaillent ou à ses louanges[3], ou à son divertissement. C'est ce qu'ici l'on a voulu faire, et ce prologue est un essai des louanges de ce grand prince, qui donne entrée à[4] la comédie du *Malade imaginaire*, dont le projet a été fait pour le délasser[5] de ses nobles travaux.

La décoration représente un lieu champêtre[6] fort agréable.

---

1. Ce prologue est dédié à Louis XIV. Le roi est dit « victorieux » car il vient de s'illustrer en conquérant la Hollande (campagne de 1672).
2. *Auguste* : vénérable, admirable.
3. *Louanges* : compliments.
4. *Donne entrée à* : introduit.
5. *Délasser* : reposer.
6. *Champêtre* : de la campagne.

Églogue[1] en musique et en danse

Flore, Pan, Climène, Daphné, Tircis, Dorilas,
deux Zéphirs, troupe de bergères et de bergers[2].

Flore

Quittez, quittez vos troupeaux,
Venez, Bergers, venez, Bergères,
10 *Accourez, accourez sous ces tendres ormeaux*[3] *:*
Je viens vous annoncer des nouvelles bien chères,
Et réjouir tous ces hameaux.
Quittez, quittez vos troupeaux,
Venez, Bergers, venez, Bergères,
15 *Accourez, accourez sous ces tendres ormeaux.*

Climène et Daphné
Berger, laissons là tes feux[4]*,*
Voilà Flore qui nous appelle.

Tircis et Dorilas
Mais au moins dis-moi, cruelle,

Tircis
Si d'un peu d'amitié tu payeras mes vœux[5] *?*

Dorilas
20 *Si tu seras sensible à mon ardeur fidèle ?*

---

1. *Églogue* : petit poème en prose évoquant la vie champêtre.
2. Il s'agit des personnages typiques de la pastorale. Flore, Pan et les Zéphirs (ou Zéphyrs) sont des divinités liées à la nature : Flore est la déesse romaine des fleurs et des jardins, Pan le dieu grec des bergers et des troupeaux, et les Zéphyrs sont les dieux des vents. Climène et Tircis d'une part, Daphné et Dorilas de l'autre, sont deux couples de bergers et de bergères amoureux.
3. *Ormeaux* : petits ormes (arbres).
4. *Tes feux* : ton amour.
5. *Tu payeras mes vœux* : tu répondras à mon attente.

Climène et Daphné
Voilà Flore qui nous appelle.

Tircis et Dorilas
Ce n'est qu'un mot, un mot, un seul mot que je veux.

Tircis
Languirai-je toujours dans ma peine mortelle ?

Dorilas
Puis-je espérer qu'un jour tu me rendras heureux ?

Climène et Daphné
25 *Voilà Flore qui nous appelle.*

Entrée de ballet

Toute la troupe des Bergers et des Bergères va se placer en cadence autour de Flore.

Climène
Quelle nouvelle parmi nous,
Déesse, doit jeter[1] tant de réjouissance ?

Daphné
Nous brûlons d'apprendre de vous
Cette nouvelle d'importance.

Dorilas
30 *D'ardeur nous en soupirons tous.*

Tous
Nous en mourons d'impatience.

---

1. Jeter : répandre.

Flore

La voici : silence, silence !
Vos vœux sont exaucés, LOUIS[1] est de retour,
Il ramène en ces lieux les plaisirs et l'amour,
35 *Et vous voyez finir vos mortelles alarmes.*
Par ses vastes exploits son bras voit tout soumis :
   Il quitte les armes,
   Faute d'ennemis.

Tous

Ah ! quelle douce nouvelle !
40 *Qu'elle est grande ! qu'elle est belle !*
Que de plaisirs ! que de ris[2] ! que de jeux !
Que de succès heureux !
Et que le Ciel a bien rempli nos vœux !
Ah ! quelle douce nouvelle !
45 *Qu'elle est grande, qu'elle est belle !*

Autre entrée de ballet

Tous les Bergers et Bergères expriment par des danses les transports de leur joie.

Flore

De vos flûtes bocagères[3]
Réveillez les plus beaux sons :
Louis offre à vos chansons

---

1. LOUIS : désigne le roi Louis XIV, et se prononce en deux syllabes.
2. Ris : rires.
3. Bocagères : champêtres.

La plus belle des matières[1].
Après cent combats,
Où cueille son bras
Une ample victoire,
Formez entre vous
Cent combats plus doux,
Pour chanter sa gloire.

TOUS

Formons entre nous
Cent combats plus doux,
Pour chanter sa gloire.

FLORE

Mon jeune amant[2], *dans ce bois,*
Des présents de mon empire
Prépare un prix à la voix
Qui saura le mieux nous dire
Les vertus et les exploits
Du plus auguste des rois.

CLIMÈNE

Si Tircis a l'avantage,

DAPHNÉ

Si Dorilas est vainqueur,

CLIMÈNE

À le chérir je m'engage.

DAPHNÉ

Je me donne à son ardeur.

---

1. ***La plus belle des matières*** : le meilleur des sujets (le sujet le plus digne d'être chanté).
2. ***Amant*** : qui aime et est aimé en retour.

Tircis

Ô très chère espérance !

Dorilas

70 *Ô mot plein de douceur !*

Tous deux

Plus beau sujet, plus belle récompense
Peuvent-ils animer un cœur ?

> *Les violons jouent un air pour animer les deux*
> *Bergers au combat, tandis que Flore, comme juge,*
> *va se placer au pied de l'arbre, avec deux Zéphirs,*
> *et que le reste, comme spectateurs, va occuper les*
> *deux coins du théâtre.*

Tircis

Quand la neige fondue enfle un torrent fameux,
Contre l'effort soudain de ses flots écumeux[1]
75   *Il n'est rien d'assez solide ;*
    Digues, châteaux, villes et bois,
    Hommes et troupeaux à la fois,
    Tout cède au courant qui le guide :
    Tel, et plus fier, et plus rapide,
80   *Marche LOUIS dans ses exploits.*

---

1. *Écumeux* : mousseux.

Ballet

Les Bergers et Bergères de son côté dansent autour de lui, sur une ritournelle[1], pour exprimer leurs applaudissements.

DORILAS

Le foudre[2], menaçant, qui perce avec fureur
L'affreuse[3] obscurité de la nue[4] enflammée,
 Fait d'épouvante et d'horreur
 Trembler le plus ferme cœur :
85 *Mais à la tête d'une armée*
 Louis jette plus de terreur.

Ballet

Les Bergers et Bergères de son côté font de même que les autres.

TIRCIS

Des fabuleux exploits que la Grèce a chantés,
Par un brillant amas de belles vérités
 Nous voyons la gloire effacée,
90 *Et tous ces fameux demi-dieux*
 Que vante l'histoire passée
 Ne sont point à notre pensée
 Ce que LOUIS est à nos yeux.

---

1. *Ritournelle* : morceau de musique répété entre chaque chant, comme un refrain.
2. *Le foudre* : la foudre. Au XVIIe siècle, le mot s'emploie au masculin.
3. *Affreuse* : terrifiante.
4. *La nue* : les nuages.

Ballet

Les Bergers et Bergères de son côté font encore la même chose.

DORILAS

Louis fait à nos temps, par ses faits[1] inouïs,
95 *Croire tous les beaux faits que nous chante l'histoire*
Des siècles évanouis :
Mais nos neveux[2], dans leur gloire,
N'auront rien qui fasse croire
Tous les beaux faits de LOUIS.

Ballet

Les Bergers et Bergères de son côté font encore de même, après quoi les deux partis se mêlent.

PAN, *suivi des six* FAUNES[3].

100 *Laissez, laissez, Bergers, ce dessein téméraire[4].*
Hé ! que voulez-vous faire ?
Chanter sur vos chalumeaux[5]
Ce qu'Apollon[6] sur sa lyre,
Avec ses chants les plus beaux,
105 *N'entreprendrait pas de dire,*

---

1. *Faits* : exploits.
2. *Nos neveux* : nos descendants.
3. *Faunes* : petites divinités liées à Pan, le dieu des bergers.
4. *Dessein téméraire* : projet audacieux, courageux, mais périlleux.
5. *Chalumeaux* : flûtes rustiques. Comme le fait remarquer Pan, il s'agit d'instruments bien moins sophistiqués que la lyre d'Apollon.
6. *Apollon* : dans la mythologie grecque, dieu de la musique, de la danse et de la poésie, célèbre pour sa beauté.

C'est donner trop d'essor[1] *au feu qui vous inspire,*
C'est monter vers les cieux sur des ailes de cire[2],
    Pour tomber dans le fond des eaux.

Pour chanter de LOUIS l'intrépide courage,
110   *Il n'est point d'assez docte*[3] *voix,*
Point de mots assez grands pour en tracer l'image :
    Le silence est le langage
    Qui doit louer ses exploits.
Consacrez d'autres soins à sa pleine victoire ;
115 *Vos louanges n'ont rien qui flatte ses désirs ;*
    Laissez, laissez là sa gloire,
    Ne songez qu'à ses plaisirs.

Tous

Laissons, laissons là sa gloire,
Ne songeons qu'à ses plaisirs.

Flore

120 *Bien que, pour étaler ses vertus immortelles,*
    La force manque à vos esprits,
Ne laissez pas tous deux de recevoir le prix[4] *:*
    Dans les choses grandes et belles
    Il suffit d'avoir entrepris.

---

1. *Essor* : élan.
2. *Monter vers les cieux sur des ailes de cire* : cette expression fait allusion à un épisode de la mythologie grecque. Icare réussit à voler grâce à des ailes fabriquées avec des plumes et de la cire par son père Dédale, mais, contre les recommandations de ce dernier, il s'approche trop près du soleil, qui fait fondre la cire et entraîne sa chute dans la mer, où il périt. L'expression signifie ici que les bergers ont un projet trop ambitieux, comme Icare.
3. *Docte* : savante.
4. *Ne laissez pas [...] de recevoir le prix* : soyez-en récompensés.

Entrée de ballet

Les deux Zéphirs dansent avec deux couronnes de fleurs à la main, qu'ils viennent ensuite donner aux deux Bergers.

CLIMÈNE et DAPHNÉ, *en leur donnant la main.*
125 *Dans les choses grandes et belles*
Il suffit d'avoir entrepris.

TIRCIS ET DORILAS
Ah! que d'un doux succès notre audace est suivie!

FLORE ET PAN
Ce qu'on fait pour LOUIS, on ne le perd jamais.

LES QUATRE AMANTS
Au soin de ses plaisirs donnons-nous désormais.

FLORE ET PAN
130 *Heureux, heureux qui peut lui consacrer sa vie!*

TOUS
Joignons tous dans ces bois
Nos flûtes et nos voix,
Ce jour nous y convie;
Et faisons aux échos redire mille fois :
135 « *LOUIS est le plus grand des rois;*
Heureux, heureux qui peut lui consacrer sa vie! »

Dernière et grande entrée de ballet

Faunes, Bergers et Bergères, tous se mêlent, et il se fait entre eux des jeux de danse, après quoi ils se vont préparer pour la Comédie.

AUTRE PROLOGUE

Le théâtre représente une forêt.
L'ouverture du théâtre se fait par un bruit agréable d'instruments. Ensuite une Bergère vient se plaindre tendrement de ce qu'elle ne trouve aucun remède pour soulager les peines qu'elle endure. Plusieurs Faunes et Ægipans, assemblés pour des fêtes et des jeux qui leur sont particuliers, rencontrent la Bergère. Ils écoutent ses plaintes et forment un spectacle très divertissant.

Plaintes de la bergère

Votre plus haut savoir n'est que pure chimère[1]*,*
    Vains[2] *et peu sages médecins ;*
Vous ne pouvez guérir par vos grands mots latins
    La douleur qui me désespère :
5 *Votre plus haut savoir n'est que pure chimère.*

    Hélas ! je n'ose découvrir
        Mon amoureux martyre[3]
    Au Berger pour qui je soupire,
    Et qui seul peut me secourir.
10   *Ne prétendez pas le finir,*
Ignorants médecins, vous ne sauriez le faire :
Votre plus haut savoir n'est que pure chimère.

---

1. Chimère : illusion.
2. Vains : vaniteux.
3. Mon amoureux martyre : le tourment que l'amour m'inflige.

Ces remèdes peu sûrs dont le simple vulgaire[1]
Croit que vous connaissez l'admirable vertu,
15 *Pour les maux que je sens n'ont rien de salutaire;*
Et tout votre caquet[2] *ne peut être reçu*
Que d'un Malade imaginaire.

Votre plus haut savoir n'est que pure chimère,
Vains et peu sages médecins;
20 *Vous ne pouvez guérir par vos grands mots latins*
La douleur qui me désespère :
Votre plus haut savoir n'est que pure chimère.

Le théâtre change et représente une chambre.

---

1. *Le simple vulgaire* : l'individu ordinaire.
2. *Caquet* : bavardage.

ACTE PREMIER

Scène première

ARGAN, *seul dans sa chambre assis, une table devant lui, compte des parties*[1] *d'apothicaire*[2] *avec des jetons ; il fait, parlant à lui-même, les dialogues suivants*[3]. – Trois et deux font cinq, et cinq font dix, et dix font vingt. Trois et deux font cinq. « Plus, du vingt-quatrième[4], un petit clystère[5] insinuatif, préparatif, et rémollient[6], pour amollir, humecter, et rafraîchir les entrailles de Monsieur. » Ce qui me plaît de Monsieur Fleurant, mon apothicaire, c'est que ses parties sont toujours fort civiles[7] : « les entrailles de Monsieur, trente sols[8] ». Oui, mais, Monsieur

---

1. *Parties* : factures, notes à payer.
2. *Apothicaire* : pharmacien chargé de préparer les remèdes.
3. Les passages entre guillemets représentent ce qui est écrit sur l'ordonnance du médecin, qu'Argan lit à haute voix et commente, comme s'il s'adressait directement à son apothicaire, M. Fleurant.
4. *Du vingt-quatrième* : le vingt-quatrième jour.
5. *Clystère* : lavement (procédé médical qui consiste à injecter un liquide par l'anus afin de nettoyer les intestins).
6. *Insinuatif [...] et rémollient* : destiné à pénétrer dans le derrière d'Argan et à amollir. Tout au long de la tirade, Argan emploie un vocabulaire médical.
7. *Civiles* : polies. M. Fleurant évoque en effet les « entrailles » de son patient, afin d'éviter d'employer un mot plus cru, qui semblerait vulgaire.
8. Le *sol* est une ancienne monnaie, de même que le *denier*, le *franc* et la *livre* mentionnés plus loin. Trente sols représentent environ quinze euros et,

Fleurant, ce n'est pas tout que d'être civil, il faut être aussi raisonnable, et ne pas écorcher[1] les malades. Trente sols un lavement : je suis votre serviteur[2], je vous l'ai déjà dit. Vous ne me les avez mis dans les autres parties qu'à vingt sols, et vingt sols en langage d'apothicaire, c'est-à-dire dix sols ; les voilà, dix sols. « Plus, dudit jour[3], un bon clystère détersif[4], composé avec catholicon[5] double, rhubarbe[6], miel rosat[7], et autres, suivant l'ordonnance, pour balayer, laver, et nettoyer le bas-ventre de Monsieur, trente sols. » Avec votre permission, dix sols. « Plus, dudit jour, le soir, un julep hépatique[8], soporatif, et somnifère, composé pour faire dormir Monsieur, trente-cinq sols. » Je ne me plains pas de celui-là, car il me fit bien dormir. Dix, quinze, seize et dix-sept sols, six deniers[9]. « Plus, du vingt-cinquième, une bonne médecine purgative et corroborative[10], composée de casse[11] récente avec séné levantin[12], et autres, suivant l'ordonnance de Monsieur Purgon,

---

à l'époque de Molière, équivalent à la moitié du salaire journalier d'un ouvrier qualifié. Argan paie très cher ses médicaments.
1. *Écorcher* : ici, ruiner.
2. *Je suis votre serviteur* : formule de politesse qui semble marquer l'assentiment, équivalent de « d'accord » (emploi ironique).
3. *Dudit jour* : le même jour.
4. *Détersif* : qui sert à nettoyer, à désinfecter.
5. *Catholicon* : pâte que l'on employait comme un remède universel.
6. *Rhubarbe* : plante connue pour ses propriétés laxatives.
7. *Miel rosat* : miel parfumé à la rose.
8. *Julep hépatique* : potion calmante composée d'un mélange d'eau et de sirop, pour le foie.
9. Argan doit dix-sept sols à M. Fleurant mais ne veut lui donner que six deniers, ce qui est une somme dérisoire (il faut en effet douze deniers pour faire un sol ; dix-sept sols équivalent donc à deux cent quatre deniers).
10. *Corroborative* : vivifiante, qui redonne des forces.
11. *Casse* : pulpe issue d'une plante qui pousse en Inde. Elle est utilisée pour purger l'organisme.
12. *Séné levantin* : feuilles d'une plante médicinale qui pousse au Levant, c'est-à-dire en Orient (là où le soleil se lève). Comme la rhubarbe et la casse, le séné est connu pour ses propriétés purgatives.

pour expulser et évacuer la bile[1] de Monsieur, quatre livres. »
Ah ! Monsieur Fleurant, c'est se moquer ; il faut vivre avec les
malades. Monsieur Purgon ne vous a pas ordonné de mettre
quatre francs. Mettez, mettez trois livres, s'il vous plaît. Vingt
et trente sols. « Plus, dudit jour, une potion anodine et astringente[2], pour faire reposer Monsieur, trente sols. » Bon, dix et
quinze sols. « Plus, du vingt-sixième, un clystère carminatif[3],
pour chasser les vents de Monsieur, trente sols. » Dix sols,
Monsieur Fleurant. « Plus, le clystère de Monsieur réitéré le
soir, comme dessus, trente sols. » Monsieur Fleurant, dix sols.
« Plus, du vingt-septième, une bonne médecine composée
pour hâter d'aller[4], et chasser dehors les mauvaises humeurs[5]
de Monsieur, trois livres. » Bon, vingt et trente sols : je suis bien
aise que vous soyez raisonnable. « Plus, du vingt-huitième, une
prise de petit-lait clarifié[6], et édulcoré, pour adoucir, lénifier[7],
tempérer, et rafraîchir le sang de Monsieur, vingt sols. » Bon,
dix sols. « Plus, une potion cordiale[8] et préservative, composée avec douze grains[9] de bézoard[10], sirops de limon[11] et gre-

---

1. Bile : liquide sécrété par le foie.
2. Anodine et astringente : destinée à guérir le mal en resserrant les tissus (termes techniques).
3. Carminatif : destiné à favoriser l'expulsion des gaz intestinaux.
4. Aller : aller aux toilettes.
5. Selon les médecins du XVIIe siècle, qui reprennent les théories développées dans l'Antiquité, les humeurs sont des liquides produits par l'organisme. Il existe quatre humeurs : le sang, le flegme (ou lymphe), la bile et l'atrabile (ou bile noire). C'est le déséquilibre de ces liquides dans le corps ou leur mauvaise circulation qui provoquent les maladies.
6. Petit-lait clarifié : beurre qu'on a fait chauffer de manière à dissocier la matière grasse du « petit-lait ».
7. Lénifier : apaiser.
8. Cordiale : qui soigne le cœur.
9. Grains : ancienne mesure de poids. Douze grains équivalent à 0,6 g.
10. Bézoard : matière pierreuse qui se forme dans l'estomac de certains animaux, à laquelle on attribuait des vertus magiques, et la capacité de soigner.
11. Limon : fruit semblable au citron, mais plus acide.

nade, et autres, suivant l'ordonnance, cinq livres. » Ah !
Monsieur Fleurant, tout doux, s'il vous plaît ; si vous en usez comme cela, on ne voudra plus être malade : contentez-vous de quatre francs. Vingt et quarante sols. Trois et deux font cinq, et cinq font dix, et dix font vingt. Soixante et trois livres, quatre sols, six deniers. Si bien donc que de ce mois j'ai pris une, deux, trois, quatre, cinq, six, sept et huit médecines[1] ; et un, deux, trois, quatre, cinq, six, sept, huit, neuf, dix, onze et douze lavements ; et l'autre mois il y avait douze médecines, et vingt lavements. Je ne m'étonne pas si je ne me porte pas si bien ce mois-ci que l'autre. Je le dirai à Monsieur Purgon, afin qu'il mette ordre à cela. Allons, qu'on m'ôte tout ceci. Il n'y a personne : j'ai beau dire, on me laisse toujours seul ; il n'y a pas moyen de les arrêter ici. *(Il sonne une sonnette pour faire venir ses gens[2].)* Ils n'entendent point, et ma sonnette ne fait pas assez de bruit. Drelin, drelin, drelin : point d'affaire. Drelin, drelin, drelin : ils sont sourds. Toinette ! Drelin, drelin, drelin : tout comme si je ne sonnais point. Chienne, coquine ! Drelin, drelin, drelin : j'enrage. *(Il ne sonne plus mais il crie.)* Drelin, drelin, drelin : carogne[3], à tous les diables ! Est-il possible qu'on laisse comme cela un pauvre malade tout seul ? Drelin, drelin, drelin : voilà qui est pitoyable ! Drelin, drelin, drelin : ah, mon Dieu ! ils me laisseront ici mourir. Drelin, drelin, drelin.

---

1. *Médecines* : potions, breuvages que l'on boit pour se soigner.
2. *Gens* : domestiques.
3. *Carogne* : femme de mauvaise vie. Employé comme une insulte, le mot signifie ici « méchante ».

Scène 2

Toinette, Argan

Toinette, *en entrant dans la chambre.* – On y va.

Argan. – Ah ! chienne ! ah ! carogne !...

Toinette, *faisant semblant de s'être cogné la tête.* – Diantre[1] soit fait de votre impatience ! vous pressez si fort les personnes, que je me suis donné un grand coup de la tête contre la carne[2] d'un volet.

Argan, *en colère.* – Ah ! traîtresse !...

Toinette, *pour l'interrompre et l'empêcher de crier, se plaint toujours en disant.* – Ha !

Argan. – Il y a...

Toinette. – Ha !

Argan. – Il y a une heure...

Toinette. – Ha !

Argan. – Tu m'as laissé...

Toinette. – Ha !

Argan. – Tais-toi donc, coquine, que je te querelle[3].

Toinette. – Çamon[4], ma foi ! j'en suis d'avis, après ce que je me suis fait.

Argan. – Tu m'as fait égosiller[5], carogne.

Toinette. – Et vous m'avez fait, vous, casser la tête : l'un vaut bien l'autre ; quitte à quitte[6], si vous voulez.

Argan. – Quoi ? coquine...

Toinette. – Si vous querellez, je pleurerai.

---

1. *Diantre* : diable.
2. *La carne* : l'angle, le coin.
3. *Querelle* : dispute.
4. *Çamon* : oui, vraiment !
5. *Égosiller* : crier à en avoir mal à la gorge.
6. *Quitte à quitte* : nous sommes quittes.

ARGAN. – Me laisser, traîtresse...

TOINETTE, *toujours pour l'interrompre.* – Ha !

ARGAN. – Chienne, tu veux...

TOINETTE. – Ha !

95 ARGAN. – Quoi ? il faudra encore que je n'aie pas le plaisir de la quereller.

TOINETTE. – Querellez tout votre soûl[1], je le veux bien.

ARGAN. – Tu m'en empêches, chienne, en m'interrompant à tous coups.

100 TOINETTE. – Si vous avez le plaisir de quereller, il faut bien que, de mon côté, j'aie le plaisir de pleurer : chacun le sien, ce n'est pas trop. Ha !

ARGAN. – Allons, il faut en passer par là. Ôte-moi ceci, coquine, ôte-moi ceci. *(Argan se lève de sa chaise.)* Mon lavement
105 d'aujourd'hui a-t-il bien opéré ?

TOINETTE. – Votre lavement ?

ARGAN. – Oui. Ai-je bien fait de la bile ?

TOINETTE. – Ma foi ! je ne me mêle point de ces affaires-là : c'est à Monsieur Fleurant à y mettre le nez, puisqu'il en a le profit.

110 ARGAN. – Qu'on ait soin de me tenir un bouillon prêt, pour l'autre que je dois tantôt[2] prendre.

TOINETTE. – Ce Monsieur Fleurant-là et ce Monsieur Purgon s'égayent[3] bien sur votre corps ; ils ont en vous une bonne vache à lait[4] ; et je voudrais bien leur demander quel mal vous
115 avez, pour vous faire tant de remèdes.

ARGAN. – Taisez-vous, ignorante, ce n'est pas à vous à contrôler les ordonnances de la médecine. Qu'on me fasse venir ma fille Angélique, j'ai à lui dire quelque chose.

---

1. ***Tout votre soûl*** : tant que vous voulez.
2. ***Tantôt*** : tout à l'heure.
3. ***S'égayent*** : s'amusent.
4. ***Vache à lait*** : source de revenus.

TOINETTE. – La voici qui vient d'elle-même : elle a deviné votre pensée.

Scène 3

ANGÉLIQUE, TOINETTE, ARGAN

ARGAN. – Approchez, Angélique ; vous venez à propos : je voulais vous parler.
ANGÉLIQUE. – Me voilà prête à vous ouïr[1].
ARGAN, *courant au bassin*[2]. – Attendez. Donnez-moi mon bâton. Je vais revenir tout à l'heure[3].
TOINETTE, *en le raillant*[4]. – Allez vite, Monsieur, allez. Monsieur Fleurant nous donne des affaires.

Scène 4

ANGÉLIQUE, TOINETTE

ANGÉLIQUE, *la regardant d'un œil languissant, lui dit confidemment*[5]. – Toinette !
TOINETTE. – Quoi ?
ANGÉLIQUE. – Regarde-moi un peu.

---

1. *Ouïr* : écouter.
2. *Bassin* : chaise percée faisant office de toilettes. Les lavements d'Argan sont en train de faire effet.
3. *Tout à l'heure* : sur-le-champ, tout de suite.
4. *Le raillant* : se moquant de lui.
5. *Confidemment* : sur le ton de la confidence.

TOINETTE. – Hé bien ! je vous regarde.

ANGÉLIQUE. – Toinette.

TOINETTE. – Hé bien, quoi, « Toinette » ?

ANGÉLIQUE. – Ne devines-tu point de quoi je veux parler ?

TOINETTE. – Je m'en doute assez : de notre jeune amant[1] ; car c'est sur lui, depuis six jours, que roulent tous nos entretiens[2] ; et vous n'êtes point bien si vous n'en parlez à toute heure.

ANGÉLIQUE. – Puisque tu connais cela, que n'es-tu donc la première à m'en entretenir, et que ne m'épargnes-tu la peine de te jeter sur ce discours[3] ?

TOINETTE. – Vous ne m'en donnez pas le temps, et vous avez des soins[4] là-dessus qu'il est difficile de prévenir.

ANGÉLIQUE. – Je t'avoue que je ne saurais me lasser de te parler de lui, et que mon cœur profite avec chaleur de tous les moments de s'ouvrir à toi. Mais dis-moi, condamnes-tu, Toinette, les sentiments que j'ai pour lui ?

TOINETTE. – Je n'ai garde[5].

ANGÉLIQUE. – Ai-je tort de m'abandonner à ces douces impressions ?

TOINETTE. – Je ne dis pas cela.

ANGÉLIQUE. – Et voudrais-tu que je fusse insensible aux tendres protestations de cette passion ardente qu'il témoigne pour moi ?

TOINETTE. – À Dieu ne plaise !

---

1. *De notre jeune amant* : du jeune homme amoureux d'Angélique.
2. *C'est sur lui [...] que roulent tous nos entretiens* : c'est lui qui est le sujet de toutes nos conversations.
3. *De te jeter sur ce discours* : de chercher à te faire aborder ce sujet.
4. *Des soins* : un empressement.
5. *Je n'ai garde* : je m'en garderai bien.

ANGÉLIQUE. – Dis-moi un peu, ne trouves-tu pas, comme moi, quelque chose du Ciel, quelque effet[1] du destin, dans l'aventure inopinée[2] de notre connaissance ?

TOINETTE. – Oui.

ANGÉLIQUE. – Ne trouves-tu pas que cette action d'embrasser ma défense[3] sans me connaître est tout à fait d'un honnête homme[4] ?

TOINETTE. – Oui.

ANGÉLIQUE. – Que l'on ne peut pas en user plus généreusement[5] ?

TOINETTE. – D'accord.

ANGÉLIQUE. – Et qu'il fit tout cela de la meilleure grâce du monde ?

TOINETTE. – Oh ! oui.

ANGÉLIQUE. – Ne trouves-tu pas, Toinette, qu'il est bien fait de sa personne ?

TOINETTE. – Assurément.

ANGÉLIQUE. – Qu'il a l'air le meilleur du monde ?

TOINETTE. – Sans doute.

ANGÉLIQUE. – Que ses discours, comme ses actions, ont quelque chose de noble ?

TOINETTE. – Cela est sûr.

ANGÉLIQUE. – Qu'on ne peut rien entendre de plus passionné que tout ce qu'il me dit ?

TOINETTE. – Il est vrai.

---

1. *Effet* : ressort.
2. *Inopinée* : inattendue.
3. *Embrasser ma défense* : prendre ma défense.
4. *D'un honnête homme* : digne d'un honnête homme, c'est-à-dire dont les qualités sont celles d'un homme sachant se conduire dans la bonne société.
5. *Généreusement* : noblement.

ANGÉLIQUE. – Et qu'il n'est rien de plus fâcheux[1] que la contrainte où l'on me tient, qui bouche tout commerce[2] aux doux empressements de cette mutuelle ardeur que le Ciel nous inspire ?

TOINETTE. – Vous avez raison.

ANGÉLIQUE. – Mais, ma pauvre Toinette, crois-tu qu'il m'aime autant qu'il me le dit ?

TOINETTE. – Eh, eh ! ces choses-là, parfois, sont un peu sujettes à caution[3]. Les grimaces d'amour ressemblent fort à la vérité ; et j'ai vu de grands comédiens là-dessus.

ANGÉLIQUE. – Ah ! Toinette, que dis-tu là ? Hélas ! de la façon qu'il parle, serait-il bien possible qu'il ne me dît pas vrai ?

TOINETTE. – En tout cas, vous en serez bientôt éclaircie ; et la résolution où il vous écrivit hier qu'il était de vous faire demander en mariage est une prompte voie à vous faire connaître[4] s'il vous dit vrai, ou non : c'en sera là la bonne preuve.

ANGÉLIQUE. – Ah ! Toinette, si celui-là me trompe, je ne croirai de ma vie aucun homme.

TOINETTE. – Voilà votre père qui revient.

Scène 5

ARGAN, ANGÉLIQUE, TOINETTE

ARGAN *se met dans sa chaise*. – Ô çà[5], ma fille, je vais vous dire une nouvelle, où[6] peut-être ne vous attendez-vous pas : on vous

---

1. *Fâcheux* : ennuyeux, pénible.
2. *Qui bouche tout commerce* : qui empêche toute relation, tout échange.
3. *Sujettes à caution* : douteuses.
4. *Connaître* : savoir.
5. *Çà* : ici.
6. *Où* : à laquelle.

demande en mariage. Qu'est-ce que cela ? vous riez. Cela est
plaisant[1], oui, ce mot de mariage ; il n'y a rien de plus drôle
pour les jeunes filles : ah ! nature, nature ! À ce que je puis
voir, ma fille, je n'ai que faire de vous demander si vous
voulez bien vous marier.

ANGÉLIQUE. – Je dois faire, mon père, tout ce qu'il vous plaira
de m'ordonner.

ARGAN. – Je suis bien aise d'avoir une fille si obéissante. La chose
est donc conclue, et je vous ai promise[2].

ANGÉLIQUE. – C'est à moi, mon père, de suivre aveuglément
toutes vos volontés.

ARGAN. – Ma femme, votre belle-mère, avait envie que je vous
fisse religieuse, et votre petite sœur Louison aussi, et de tout
temps elle a été aheurtée à cela[3].

TOINETTE, *tout bas*. – La bonne bête a ses raisons.

ARGAN. – Elle ne voulait point consentir à ce mariage, mais je l'ai
emporté, et ma parole est donnée.

ANGÉLIQUE. – Ah ! mon père, que je vous suis obligée de[4] toutes
vos bontés.

TOINETTE. – En vérité, je vous sais bon gré de cela[5], et voilà
l'action la plus sage que vous ayez faite de votre vie.

ARGAN. – Je n'ai point encore vu la personne ; mais on m'a dit
que j'en serais content, et toi aussi.

ANGÉLIQUE. – Assurément, mon père.

ARGAN. – Comment l'as-tu vu ?

ANGÉLIQUE. – Puisque votre consentement m'autorise à vous
pouvoir ouvrir mon cœur, je ne feindrai point de[6] vous dire

---

1. *Plaisant* : ici, divertissant.
2. *Je vous ai promise* : j'ai fait la promesse de vous donner en mariage.
3. *Elle a été aheurtée à cela* : elle n'a pas voulu changer d'idée.
4. *Obligée de* : reconnaissante pour.
5. *Je vous sais bon gré de cela* : je vous en suis reconnaissante.
6. *Je ne feindrai point de* : je n'hésiterai pas à.

que le hasard nous a fait connaître il y a six jours, et que la demande qu'on vous a faite est un effet de l'inclination[1] que, dès cette première vue, nous avons prise l'un pour l'autre.

ARGAN. – Ils ne m'ont pas dit cela ; mais j'en suis bien aise, et c'est tant mieux que les choses soient de la sorte. Ils disent que c'est un grand jeune garçon bien fait.

ANGÉLIQUE. – Oui, mon père.

ARGAN. – De belle taille.

ANGÉLIQUE. – Sans doute[2].

ARGAN. – Agréable de sa personne.

ANGÉLIQUE. – Assurément.

ARGAN. – De bonne physionomie.

ANGÉLIQUE. – Très bonne.

ARGAN. – Sage, et bien né.

ANGÉLIQUE. – Tout à fait.

ARGAN. – Fort honnête.

ANGÉLIQUE. – Le plus honnête du monde.

ARGAN. – Qui parle bien latin, et grec.

ANGÉLIQUE. – C'est ce que je ne sais pas.

ARGAN. – Et qui sera reçu médecin dans trois jours.

ANGÉLIQUE. – Lui, mon père ?

ARGAN. – Oui. Est-ce qu'il ne te l'a pas dit ?

ANGÉLIQUE. – Non vraiment. Qui vous l'a dit à vous ?

ARGAN. – Monsieur Purgon.

ANGÉLIQUE. – Est-ce que Monsieur Purgon le connaît ?

ARGAN. – La belle demande ! il faut bien qu'il le connaisse, puisque c'est son neveu.

ANGÉLIQUE. – Cléante, neveu de Monsieur Purgon ?

ARGAN. – Quel Cléante ? Nous parlons de celui pour qui l'on t'a demandée en mariage.

---

1. *Inclination* : affection, amour.
2. *Sans doute* : sans aucun doute, assurément.

ANGÉLIQUE. – Hé ! oui.

ARGAN. – Hé bien, c'est le neveu de Monsieur Purgon, qui est le fils de son beau-frère le médecin, Monsieur Diafoirus ; et ce fils s'appelle Thomas Diafoirus, et non pas Cléante ; et nous avons conclu ce mariage-là ce matin, Monsieur Purgon, Monsieur Fleurant et moi, et, demain, ce gendre prétendu[1] doit m'être amené par son père. Qu'est-ce ? vous voilà tout ébaubie[2] ?

ANGÉLIQUE. – C'est, mon père, que je connais que vous avez parlé d'une personne, et que j'ai entendu une autre[3].

TOINETTE. – Quoi ? Monsieur, vous auriez fait ce dessein burlesque[4] ? Et avec tout le bien[5] que vous avez, vous voudriez marier votre fille avec un médecin ?

ARGAN. – Oui. De quoi te mêles-tu, coquine, impudente[6] que tu es ?

TOINETTE. – Mon Dieu ! tout doux : vous allez d'abord aux invectives[7]. Est-ce que nous ne pouvons pas raisonner ensemble sans nous emporter ? Là, parlons de sang-froid. Quelle est votre raison, s'il vous plaît, pour un tel mariage ?

ARGAN. – Ma raison est que, me voyant infirme et malade comme je suis, je veux me faire un gendre et des alliés[8] médecins, afin de m'appuyer de bons secours contre ma maladie, d'avoir dans ma famille les sources des remèdes qui me sont nécessaires, et d'être à même des[9] consultations et des ordonnances.

---

1. *Gendre prétendu* : futur gendre.
2. *Ébaubie* : stupéfaite (terme familier).
3. *J'ai entendu une autre* : j'ai cru qu'il s'agissait d'une autre personne.
4. *Dessein burlesque* : projet ridicule.
5. *Le bien* : la richesse.
6. *Impudente* : effrontée.
7. *Vous allez d'abord aux invectives* : vous commencez par les insultes.
8. *Alliés* : parents par alliance.
9. *Être à même des* : avoir à ma disposition les.

285 TOINETTE. – Hé bien ! voilà dire une raison, et il y a plaisir à se répondre doucement les uns aux autres. Mais, Monsieur, mettez la main à la conscience : est-ce que vous êtes malade ?

ARGAN. – Comment, coquine, si je suis malade ? si je suis malade, impudente ?

290 TOINETTE. – Hé bien ! oui, Monsieur, vous êtes malade, n'ayons point de querelle là-dessus ; oui, vous êtes fort malade, j'en demeure d'accord, et plus malade que vous ne pensez : voilà qui est fait. Mais votre fille doit épouser un mari pour elle ; et, n'étant point malade[1], il n'est pas nécessaire de lui donner
295 un médecin.

ARGAN. – C'est pour moi que je lui donne ce médecin ; et une fille de bon naturel doit être ravie d'épouser ce qui est utile à la santé de son père.

TOINETTE. – Ma foi ! Monsieur, voulez-vous qu'en amie je vous
300 donne un conseil ?

ARGAN. – Quel est-il, ce conseil ?

TOINETTE. – De ne point songer à ce mariage-là.

ARGAN. – Hé, la raison ?

TOINETTE. – La raison ? C'est que votre fille n'y consentira point.

305 ARGAN. – Elle n'y consentira point ?

TOINETTE. – Non.

ARGAN. – Ma fille ?

TOINETTE. – Votre fille. Elle vous dira qu'elle n'a que faire de Monsieur Diafoirus, ni de son fils Thomas Diafoirus, ni de
310 tous les Diafoirus du monde.

ARGAN. – J'en ai affaire[2], moi, outre que le parti est plus avantageux qu'on ne pense. Monsieur Diafoirus n'a que ce fils-là pour tout héritier ; et, de plus, Monsieur Purgon, qui n'a ni femme, ni enfants, lui donne tout son bien, en faveur de ce

---

1. *N'étant point malade* : puisqu'elle n'est pas malade.
2. *J'en ai affaire* : j'en ai besoin.

mariage ; et Monsieur Purgon est un homme qui a huit mille bonnes livres[1] de rente[2].

TOINETTE. – Il faut qu'il ait tué bien des gens, pour s'être fait si riche.

ARGAN. – Huit mille livres de rente sont quelque chose, sans compter le bien du père.

TOINETTE. – Monsieur, tout cela est bel et bon ; mais j'en reviens toujours là : je vous conseille, entre nous, de lui choisir un autre mari, et elle n'est point faite pour être Madame Diafoirus.

ARGAN. – Et je veux, moi, que cela soit.

TOINETTE. – Eh fi[3] ! ne dites pas cela.

ARGAN. – Comment, que je ne dise pas cela ?

TOINETTE. – Hé non !

ARGAN. – Et pourquoi ne le dirai-je pas ?

TOINETTE. – On dira que vous ne songez pas à ce que vous dites.

ARGAN. – On dira ce qu'on voudra ; mais je vous dis que je veux qu'elle exécute la parole que j'ai donnée.

TOINETTE. – Non : je suis sûre qu'elle ne le fera pas.

ARGAN. – Je l'y forcerai bien.

TOINETTE. – Elle ne le fera pas, vous dis-je.

ARGAN. – Elle le fera, ou je la mettrai dans un couvent.

TOINETTE. – Vous ?

ARGAN. – Moi.

TOINETTE. – Bon.

ARGAN. – Comment, « bon » ?

TOINETTE. – Vous ne la mettrez point dans un couvent.

ARGAN. – Je ne la mettrai point dans un couvent ?

TOINETTE. – Non.

ARGAN. – Non ?

---

1. *Huit mille […] livres* : environ 80 000 euros actuels.
2. *Rente* : revenu annuel.
3. *Fi !* : interjection exprimant la désapprobation, le mépris.

345 TOINETTE. – Non.

ARGAN. – Ouais[1]! voici qui est plaisant : je ne mettrai pas ma fille dans un couvent, si je veux ?

TOINETTE. – Non, vous dis-je.

ARGAN. – Qui m'en empêchera ?

350 TOINETTE. – Vous-même.

ARGAN. – Moi ?

TOINETTE. – Oui, vous n'aurez pas ce cœur[2]-là.

ARGAN. – Je l'aurai.

TOINETTE. – Vous vous moquez.

355 ARGAN. – Je ne me moque point.

TOINETTE. – La tendresse paternelle vous prendra.

ARGAN. – Elle ne me prendra point.

TOINETTE. – Une petite larme ou deux, des bras jetés au cou, un « mon petit papa mignon », prononcé tendrement, sera assez

360 pour vous toucher.

ARGAN. – Tout cela ne fera rien.

TOINETTE. – Oui, oui.

ARGAN. – Je vous dis que je n'en démordrai point.

TOINETTE. – Bagatelles[3].

365 ARGAN. – Il ne faut point dire « bagatelles ».

TOINETTE. – Mon Dieu ! je vous connais, vous êtes bon naturellement.

ARGAN, *avec emportement*. – Je ne suis point bon, et je suis méchant quand je veux.

370 TOINETTE. – Doucement, Monsieur : vous ne songez pas que vous êtes malade.

ARGAN. – Je lui commande absolument de se préparer à prendre le mari que je dis.

TOINETTE. – Et moi, je lui défends absolument d'en faire rien.

---

1. *Ouais* : Tiens donc !
2. *Cœur* : courage.
3. *Bagatelles* : paroles. Mot qui marque l'incrédulité.

60 | Le Malade imaginaire

ARGAN. – Où est-ce donc que nous sommes ? et quelle audace est-ce là à une coquine de servante de parler de la sorte devant son maître ?

TOINETTE. – Quand un maître ne songe pas à ce qu'il fait, une servante bien sensée[1] est en droit de le redresser[2].

ARGAN *court après Toinette.* – Ah ! insolente, il faut que je t'assomme.

TOINETTE *se sauve de lui.* – Il est de mon devoir de m'opposer aux choses qui vous peuvent déshonorer.

ARGAN, *en colère, court après elle autour de sa chaise, son bâton à la main.* – Viens, viens, que je t'apprenne à parler.

TOINETTE, *courant, et se sauvant du côté de la chaise où n'est pas Argan.* – Je m'intéresse, comme je dois, à ne vous point laisser faire de folie.

ARGAN. – Chienne !

TOINETTE. – Non, je ne consentirai jamais à ce mariage.

ARGAN. – Pendarde[3] !

TOINETTE. – Je ne veux point qu'elle épouse votre Thomas Diafoirus.

ARGAN. – Carogne !

TOINETTE. – Et elle m'obéira plutôt qu'à vous.

ARGAN. – Angélique, tu ne veux pas m'arrêter cette coquine-là ?

ANGÉLIQUE. – Eh ! mon père, ne vous faites point malade[4].

ARGAN. – Si tu ne me l'arrêtes, je te donnerai ma malédiction.

TOINETTE. – Et moi, je la déshériterai, si elle vous obéit.

ARGAN *se jette dans sa chaise, étant las[5] de courir après elle.* – Ah ! ah ! je n'en puis plus. Voilà pour me faire mourir.

---

1. *Bien sensée* : pourvue de bon sens.
2. *Redresser* : remettre dans le droit chemin.
3. *Pendarde* : vaurienne, qui mérite d'être pendue.
4. *Ne vous faites point malade* : ne vous rendez pas malade.
5. *Las* : fatigué.

Scène 6

BÉLINE, ANGÉLIQUE, TOINETTE, ARGAN

ARGAN. – Ah ! ma femme, approchez.
BÉLINE. – Qu'avez-vous, mon pauvre mari ?
ARGAN. – Venez-vous-en ici à mon secours.
BÉLINE. – Qu'est-ce que c'est donc qu'il y a, mon petit fils[1] ?
ARGAN. – Mamie[2].
BÉLINE. – Mon ami.
ARGAN. – On vient de me mettre en colère !
BÉLINE. – Hélas ! pauvre petit mari. Comment donc, mon ami ?
ARGAN. – Votre coquine de Toinette est devenue plus insolente que jamais.
BÉLINE. – Ne vous passionnez[3] donc point.
ARGAN. – Elle m'a fait enrager, mamie.
BÉLINE. – Doucement, mon fils.
ARGAN. – Elle a contrecarré, une heure durant, les choses que je veux faire.
BÉLINE. – Là, là, tout doux.
ARGAN. – Et a eu l'effronterie de me dire que je ne suis point malade.
BÉLINE. – C'est une impertinente.
ARGAN. – Vous savez, mon cœur, ce qui en est.
BÉLINE. – Oui, mon cœur, elle a tort.
ARGAN. – Mamour[4], cette coquine-là me fera mourir.
BÉLINE. – Eh là, eh là !
ARGAN. – Elle est cause de toute la bile que je fais.
BÉLINE. – Ne vous fâchez point tant.

---

1. *Mon petit fils* : ici, terme affectueux pour désigner Argan.
2. *Mamie* : mon amie.
3. *Passionnez* : énervez.
4. *Mamour* : mon amour.

ARGAN. – Et il y a je ne sais combien que je vous dis de me la chasser.

BÉLINE. – Mon Dieu ! mon fils, il n'y a point de serviteurs et de servantes qui n'aient leurs défauts. On est contraint parfois de souffrir[1] leurs mauvaises qualités à cause des bonnes. Celle-ci est adroite, soigneuse, diligente[2], et surtout fidèle[3], et vous savez qu'il faut maintenant de grandes précautions pour les gens que l'on prend. Holà ! Toinette.

TOINETTE. – Madame.

BÉLINE. – Pourquoi donc est-ce que vous mettez mon mari en colère ?

TOINETTE, *d'un ton doucereux*[4]. – Moi, Madame, hélas ! Je ne sais pas ce que vous me voulez dire, et je ne songe qu'à complaire à Monsieur en toutes choses.

ARGAN. – Ah ! la traîtresse !

TOINETTE. – Il nous a dit qu'il voulait donner sa fille en mariage au fils de Monsieur Diafoirus ; je lui ai répondu que je trouvais le parti avantageux pour elle ; mais que je croyais qu'il ferait mieux de la mettre dans un couvent.

BÉLINE. – Il n'y a pas grand mal à cela, et je trouve qu'elle a raison.

ARGAN. – Ah ! mamour, vous la croyez. C'est une scélérate : elle m'a dit cent insolences.

BÉLINE. – Hé bien ! je vous crois, mon ami. Là, remettez-vous. Écoutez, Toinette, si vous fâchez jamais[5] mon mari, je vous mettrai dehors. Çà, donnez-moi son manteau fourré et des oreillers, que je l'accommode dans sa chaise. Vous voilà je ne sais comment. Enfoncez bien votre bonnet jusque sur vos

---

1. ***Souffrir*** : supporter.
2. ***Diligente*** : rapide et efficace.
3. ***Fidèle*** : ici, honnête.
4. ***Doucereux*** : d'une douceur trompeuse.
5. ***Jamais*** : un jour (s'il vous arrive un jour de fâcher).

oreilles : il n'y a rien qui enrhume tant que de prendre l'air par les oreilles.

ARGAN. – Ah ! mamie, que je vous suis obligé de tous les soins que vous prenez de moi !

BÉLINE, *accommodant les oreillers qu'elle met autour d'Argan.* – Levez-vous, que je mette ceci sous vous. Mettons celui-ci pour vous appuyer, et celui-là de l'autre côté. Mettons celui-ci derrière votre dos, et cet autre-là pour soutenir votre tête.

TOINETTE, *lui mettant rudement un oreiller sur la tête, et puis fuyant.* – Et celui-ci pour vous garder du serein[1].

ARGAN *se lève en colère, et jette tous les oreillers à Toinette.* – Ah ! coquine, tu veux m'étouffer.

BÉLINE. – Eh là, eh là ! Qu'est-ce que c'est donc ?

ARGAN, *tout essoufflé, se jette dans sa chaise.* – Ah, ah, ah ! je n'en puis plus.

BÉLINE. – Pourquoi vous emporter ainsi ? Elle a cru faire bien.

ARGAN. – Vous ne connaissez pas, mamour, la malice[2] de la pendarde. Ah ! elle m'a mis tout hors de moi ; et il faudra plus de huit médecines, et de douze lavements, pour réparer tout ceci.

BÉLINE. – Là, là, mon petit ami, apaisez-vous un peu.

ARGAN. – Mamie, vous êtes toute ma consolation.

BÉLINE. – Pauvre petit fils.

ARGAN. – Pour tâcher de reconnaître l'amour que vous me portez, je veux, mon cœur, comme je vous ai dit, faire mon testament.

BÉLINE. – Ah ! mon ami, ne parlons point de cela, je vous prie : je ne saurais souffrir cette pensée ; et le seul mot de testament me fait tressaillir de douleur.

ARGAN. – Je vous avais dit de parler pour cela à votre notaire.

---

1. Serein : selon les médecins du XVIIe siècle, vapeur qui tombe au coucher du soleil, et dont il faut se protéger.
2. Malice : méchanceté.

BÉLINE. – Le voilà là-dedans[1], que j'ai amené avec moi.

ARGAN. – Faites-le donc entrer, mamour.

BÉLINE. – Hélas ! mon ami, quand on aime bien un mari, on n'est guère en état de songer à tout cela.

Scène 7

LE NOTAIRE, BÉLINE, ARGAN

ARGAN. – Approchez, Monsieur de Bonnefoy, approchez. Prenez un siège, s'il vous plaît. Ma femme m'a dit, Monsieur, que vous étiez fort honnête homme, et tout à fait de ses amis ; et je l'ai chargée de vous parler pour un testament que je veux faire.

BÉLINE. – Hélas ! je ne suis point capable de parler de ces choses-là.

LE NOTAIRE. – Elle m'a, Monsieur, expliqué vos intentions, et le dessein où vous êtes pour elle[2] ; et j'ai à vous dire là-dessus que vous ne sauriez rien donner à votre femme par votre testament.

ARGAN. – Mais pourquoi ?

LE NOTAIRE. – La Coutume[3] y résiste. Si vous étiez en pays de droit écrit, cela se pourrait faire ; mais, à Paris, et dans les pays coutumiers, au moins dans la plupart, c'est ce qui ne se

---

1. Le notaire est dans une pièce voisine.
2. *Le dessein où vous êtes pour elle* : le projet que vous avez à son sujet.
3. *Coutume* : terme juridique qui désigne le droit. Le droit coutumier (fondé sur la coutume, les usages) s'oppose au droit romain (qui s'appuie sur des documents écrits ou imprimés). Au XVIIe siècle, Paris et le nord de la France étaient considérés comme des régions de droit coutumier, à la différence du Sud, régi par le droit romain.

peut, et la disposition serait nulle. Tout l'avantage qu'homme et femme conjoints par mariage se peuvent faire l'un à l'autre, c'est un don mutuel entre vifs[1] ; encore faut-il qu'il n'y ait enfants, soit des deux conjoints, ou de l'un d'eux, lors du décès du premier mourant.

ARGAN. – Voilà une Coutume bien impertinente, qu'un mari ne puisse rien laisser à une femme dont il est aimé tendrement, et qui prend de lui tant de soin. J'aurais envie de consulter mon avocat, pour voir comment je pourrais faire.

LE NOTAIRE. – Ce n'est point à des avocats qu'il faut aller, car ils sont d'ordinaire sévères là-dessus, et s'imaginent que c'est un grand crime que de disposer en fraude de la loi[2]. Ce sont gens de difficultés, et qui sont ignorants des détours de la conscience[3]. Il y a d'autres personnes à consulter, qui sont bien plus accommodantes, qui ont des expédients[4] pour passer doucement[5] par-dessus la loi, et rendre juste ce qui n'est pas permis ; qui savent aplanir les difficultés d'une affaire, et trouver des moyens d'éluder[6] la Coutume par quelque avantage indirect. Sans cela, où en serions-nous tous les jours ? Il faut de la facilité dans les choses ; autrement nous ne ferions rien, et je ne donnerais pas un sou de notre métier.

ARGAN. – Ma femme m'avait bien dit, Monsieur, que vous étiez fort habile[7], et fort honnête homme. Comment puis-je faire, s'il vous plaît, pour lui donner mon bien, et en frustrer mes enfants[8] ?

---

1. *Vifs* : vivants.
2. *Disposer en fraude de la loi* : se servir de la loi de façon frauduleuse.
3. *Des détours de la conscience* : des arrangements (pour détourner la loi) dont la conscience peut s'accommoder.
4. *Expédients* : astuces.
5. *Doucement* : discrètement.
6. *Éluder* : éviter, contourner.
7. *Habile* : savant.
8. Argan veut priver ses enfants des biens qui devraient légitimement leur revenir à sa mort.

LE NOTAIRE. – Comment vous pouvez faire ? Vous pouvez choisir doucement un ami intime de votre femme, auquel vous donnerez en bonne forme par votre testament tout ce que vous pouvez ; et cet ami ensuite lui rendra tout. Vous pouvez encore contracter un grand nombre d'obligations[1], non suspectes, au profit de divers créanciers[2], qui prêteront leur nom à votre femme, et entre les mains de laquelle ils mettront leur déclaration que ce qu'ils en ont fait n'a été que pour lui faire plaisir. Vous pouvez aussi, pendant que vous êtes en vie, mettre entre ses mains de l'argent comptant, ou des billets[3] que vous pourrez avoir, payables au porteur[4].

BÉLINE. – Mon Dieu ! il ne faut point vous tourmenter de tout cela. S'il vient faute de vous[5], mon fils, je ne veux plus rester au monde.

ARGAN. – Mamie !

BÉLINE. – Oui, mon ami, si je suis assez malheureuse pour vous perdre...

ARGAN. – Ma chère femme !

BÉLINE. – La vie ne me sera plus de rien.

ARGAN. – Mamour !

BÉLINE. – Et je suivrai vos pas, pour vous faire connaître la tendresse que j'ai pour vous.

ARGAN. – Mamie, vous me fendez le cœur. Consolez-vous, je vous en prie.

LE NOTAIRE. – Ces larmes sont hors de saison[6], et les choses n'en sont point encore là.

---

1. *Obligations* : reconnaissances de dettes.
2. *Créanciers* : personnes qui prêtent de l'argent.
3. *Billets* : reconnaissances de dettes.
4. *Payables au porteur* : payables à celui qui est en possession du billet.
5. *S'il vient faute de vous* : si vous venez à mourir.
6. *Hors de saison* : hors de propos.

555 BÉLINE. – Ah ! Monsieur, vous ne savez pas ce que c'est qu'un mari qu'on aime tendrement.

ARGAN. – Tout le regret que j'aurai, si je meurs, mamie, c'est de n'avoir point un enfant de vous. Monsieur Purgon m'avait dit qu'il m'en ferait faire un.

560 LE NOTAIRE. – Cela pourra venir encore.

ARGAN. – Il faut faire mon testament, mamour, de la façon que Monsieur dit ; mais, par précaution, je veux vous mettre entre les mains vingt mille francs en or, que j'ai dans le lambris de mon alcôve[1], et deux billets payables au porteur, qui me sont
565 dus, l'un par Monsieur Damon, et l'autre par Monsieur Gérante.

BÉLINE. – Non, non, je ne veux point de tout cela. Ah ! combien dites-vous qu'il y a dans votre alcôve ?

ARGAN. – Vingt mille francs, mamour.

570 BÉLINE. – Ne me parlez point de bien, je vous prie. Ah ! de combien sont les deux billets ?

ARGAN. – Ils sont, ma mie, l'un de quatre mille francs, et l'autre de six.

BÉLINE. – Tous les biens du monde, mon ami, ne me sont rien au
575 prix de vous.

LE NOTAIRE. – Voulez-vous que nous procédions au testament ?

ARGAN. – Oui, Monsieur, mais nous serons mieux dans mon petit cabinet[2]. Mamour, conduisez-moi, je vous prie.

BÉLINE. – Allons, mon pauvre petit fils.

---

1. *Le lambris de mon alcôve* : le revêtement en bois de ma chambre.
2. *Cabinet* : petite pièce pour travailler ou converser entre intimes.

Scène 8

Angélique, Toinette

TOINETTE. – Les voilà avec un notaire, et j'ai ouï parler[1] de testament. Votre belle-mère ne s'endort point[2], et c'est sans doute quelque conspiration contre vos intérêts où elle pousse votre père.

ANGÉLIQUE. – Qu'il dispose de son bien à sa fantaisie, pourvu qu'il ne dispose point de mon cœur. Tu vois, Toinette, les desseins violents que l'on fait sur lui. Ne m'abandonne point, je te prie, dans l'extrémité[3] où je suis.

TOINETTE. – Moi, vous abandonner ? j'aimerais mieux mourir. Votre belle-mère a beau me faire sa confidente, et me vouloir jeter dans ses intérêts, je n'ai jamais pu avoir d'inclination pour elle, et j'ai toujours été de votre parti. Laissez-moi faire : j'emploierai toute chose pour vous servir ; mais pour vous servir avec plus d'effet, je veux changer de batterie[4], couvrir le zèle que j'ai pour vous[5], et feindre[6] d'entrer dans les sentiments de votre père et de votre belle-mère.

ANGÉLIQUE. – Tâche, je t'en conjure, de faire donner avis à[7] Cléante du mariage qu'on a conclu.

---

1. *J'ai ouï parler* : j'ai entendu parler.
2. *Votre belle-mère ne s'endort point* : Toinette fait remarquer à Angélique que Béline n'oublie jamais son intérêt, et ne manque pas une occasion de persuader Argan de déshériter la jeune femme pour son propre avantage.
3. *Extrémité* : triste situation.
4. *Je veux changer de batterie* : je veux me servir d'un autre moyen pour réussir.
5. *Couvrir le zèle que j'ai pour vous* : cacher la grande affection que j'ai pour vous.
6. *Feindre* : faire semblant.
7. *Faire donner avis à* : prévenir, informer.

TOINETTE. – Je n'ai personne à employer à cet office, que le vieux usurier[1] Polichinelle[2], mon amant, et il m'en coûtera pour cela quelques paroles de douceur, que je veux bien dépenser pour vous. Pour aujourd'hui il est trop tard ; mais demain, du grand matin, je l'enverrai quérir[3], et il sera ravi de…
BÉLINE. – Toinette !
TOINETTE. – Voilà qu'on m'appelle. Bonsoir. Reposez-vous sur moi.

Le théâtre change et représente une ville.

---

1. Usurier : personne spécialisée dans le prêt d'argent, dont elle attend en retour des intérêts.
2. Polichinelle, l'amant de Toinette, est un personnage issu de la *commedia dell'arte*.
3. Quérir : chercher.

PREMIER INTERMÈDE

Polichinelle, dans la nuit, vient pour donner une sérénade[1] à sa maîtresse[2]. Il est interrompu d'abord par des violons, contre lesquels il se met en colère, et ensuite par le Guet[3], composé de musiciens et de danseurs.

POLICHINELLE

Ô amour, amour, amour, amour ! Pauvre Polichinelle, quelle diable de fantaisie[4] t'es-tu allé mettre dans la cervelle ? À quoi t'amuses-tu, misérable insensé que tu es ? Tu quittes le soin de ton négoce, et tu laisses aller tes affaires à l'abandon. Tu ne manges
610 *plus, tu ne bois presque plus, tu perds le repos de la nuit ; et tout cela pour qui ? Pour une dragonne[5], franche dragonne, une diablesse qui te rembarre, et se moque de tout ce que tu peux lui dire. Mais il n'y a point à raisonner là-dessus. Tu le veux, amour : il faut être fou comme beaucoup d'autres. Cela n'est pas le mieux du*
615 *monde à[6] un homme de mon âge ; mais qu'y faire ? On n'est pas sage quand on veut, et les vieilles cervelles se démontent comme les jeunes.*

Je viens voir si je ne pourrai point adoucir ma tigresse par une sérénade. Il n'y a rien parfois qui soit si touchant qu'un amant

---

1. Sérénade : chanson d'amour.
2. Sa maîtresse : la femme qu'il aime.
3. Guet : patrouille chargée de surveiller la ville pendant la nuit.
4. Fantaisie : ici, extravagance, lubie.
5. Dragonne : méchante femme.
6. À : pour.

qui vient chanter ses doléances[1] aux gonds et aux verrous de la porte de sa maîtresse. Voici de quoi accompagner ma voix. Ô nuit : ô chère nuit ! porte mes plaintes amoureuses jusque dans le lit de mon inflexible[2].

Il chante ces paroles :

	[TRADUCTION]
Notte e dì v'amo e v'adoro,	*Nuit et jour, je vous aime et [vous adore.*
625 *Cerco un sì per mio ristoro ;*	*Je demande un oui pour mon [réconfort ;*
Ma se voi dite di no,	*Mais si vous dites un non,*
Bell' ingrata, io morirò.	*Belle ingrate, je mourrai.*
Fra la speranza	*Au sein de l'espérance,*
S'afflige il cuore,	*Le cœur s'afflige,*
630 *In lontananza*	*Dans l'absence,*
Consuma l'hore ;	*Il consume tristement les [heures.*
Si dolce inganno	*Ah ! la douce illusion*
Che mi figura	*Qui me fait apercevoir*
Breve l'affanno	*La fin prochaine de mon [tourment*
635 *Ahi ! troppo dura !*	*Dure trop longtemps.*
Cosi per tropp'amar languisco [e muoro.	*Pour trop vous aimer, je [languis, je meurs.*
Notte e dì v'amo e v'adoro,	*Nuit et jour, je vous aime et [vous adore.*

---

1. Doléances : plaintes.
2. Mon inflexible : désigne Toinette, qui ne se laisse pas émouvoir par les tentatives de séduction de Polichinelle.

Cerco un sì per mio ristoro;	*Je demande un oui pour mon [réconfort;*
Ma se voi dite di no,	*Mais si vous dites un non,*
640 *Bell' ingrata, io morirò.*	*Belle ingrate, je mourrai.*
Se non dormite,	*Si vous ne dormez pas,*
Almen pensate	*Au moins pensez*
Alle ferite	*Aux blessures*
Ch'al cuor mi fate;	*Que vous faites à mon cœur;*
645 *Deh! almen fingete,*	*Si vous me faites périr, ah!*
Per mio conforto,	*Pour ma consolation,*
Se m'uccidete,	*Feignez au moins*
D'haver il torto :	*De vous le reprocher;*
Vostra pietà mi scemerà il [martoro.	*Votre pitié diminuera mon [martyre.*
650 *Notte e dì v'amo e v'adoro,*	*Nuit et jour, je vous aime et [vous adore.*
Cerco un sì per mio ristoro;	*Je demande un oui pour mon [réconfort;*
Ma se voi dite di no,	*Mais si vous dites un non,*
Bell' ingrata, io morirò.	*Belle ingrate, je mourrai.*

UNE VIEILLE *se présente à la fenêtre,*
et répond au signor Polichinelle en se moquant de lui.

Zerbinetti, ch'ogn' hor con [finti sguardi,	*Petits galants, qui à chaque [instant avec des regards [trompeurs,*
655 *Mentiti desiri,*	*Des désirs mensongers,*
Fallaci sospiri,	*Des soupirs fallacieux,*
Accenti buggiardi,	*Et des serments perfides,*
Di fede vi pregiate,	*Vous vantez d'être fidèles;*
Ah! che non m'ingannate,	*Ah! vous ne me trompez plus.*

660   *Che già so per prova*
Ch'in voi non si trova
Constanza ne fede :
Oh ! quanto è pazza colei che
                   [vi crede !
	Je sais par expérience,
	Qu'on ne trouve en vous
	Ni constance ni foi.
	Oh ! combien est folle celle qui
	                 [vous croit !

Quei sguardi languidi
665 *Non m'innamorano,*
    Quei sospir fervidi
    Più non m'infiammano,
    Vel giuro a fè.
    Zerbino misero,
670 *Del vostro piangere*
    Il mio cor libero
    Vuol sempre ridere,
    Credet' a me :
    Che già so per prova
675 *Ch' in voi non si trova*
    Constanza ne fede :
    Oh ! quanto è pazza colei che
                   [vi crede !
	Ces regards languissants
	Ne m'attendrissent plus ;
	Ces soupirs brûlants
	Ne m'enflamment plus,
	Je vous le jure sur ma foi.
	Pauvre galant,
	Mon cœur rendu à la liberté
	Veut toujours rire de vos
	               [plaintes :
	Croyez-moi,
	Je sais par expérience
	Qu'on ne trouve en vous
	Ni constance ni foi.
	Oh ! combien est folle celle qui
	                [vous croit[1] !

(VIOLONS.)

POLICHINELLE

Quelle impertinente harmonie vient interrompre ici ma voix[2] ?

(VIOLONS.)

POLICHINELLE

Paix là, taisez-vous, violons. Laissez-moi me plaindre à mon aise
680 *des cruautés de mon inexorable[3].*

(VIOLONS.)

---

1. Édition de Louis-Simon Auger des *Œuvres* de Molière (v. 1819) pour la traduction de l'italien.
2. Toutes les fois qu'il s'apprête à chanter, les violons l'en empêchent en se mettant à jouer.
3. *Mon inexorable* : équivalent de « mon inflexible » (voir note 2, p. 72).

POLICHINELLE
Taisez-vous, vous dis-je. C'est moi qui veux chanter.
(VIOLONS.)

POLICHINELLE
Paix donc !

(VIOLONS.)

POLICHINELLE
Ouais !

(VIOLONS.)

POLICHINELLE
Ahi !

(VIOLONS.)

POLICHINELLE
685 *Est-ce pour rire ?*

(VIOLONS.)

POLICHINELLE
Ah ! que de bruit !

(VIOLONS.)

POLICHINELLE
Le diable vous emporte !

(VIOLONS.)

POLICHINELLE
J'enrage.

(VIOLONS.)

POLICHINELLE
Vous ne vous tairez pas ? Ah ! Dieu soit loué !
(VIOLONS.)

POLICHINELLE

690 *Encore ?*

(VIOLONS.)

POLICHINELLE

Peste des violons !

(VIOLONS.)

POLICHINELLE

La sotte musique que voilà !

(VIOLONS.)

POLICHINELLE

La, la, la, la, la, la.

(VIOLONS.)

POLICHINELLE

La, la, la, la, la, la.

(VIOLONS.)

POLICHINELLE

695 *La, la, la, la, la, la, la, la.*

(VIOLONS.)

POLICHINELLE

La, la, la, la, la.

(VIOLONS.)

POLICHINELLE

La, la, la, la, la, la.

(VIOLONS.)

POLICHINELLE, *avec un luth[1], dont il ne joue que des lèvres et de la langue, en disant : plin pan plan, etc.*
Par ma foi ! cela me divertit. Poursuivez, Messieurs les Violons, vous me ferez plaisir. Allons donc, continuez, je vous en prie.

---

1. Luth : instrument de musique à cordes.

700 *Voilà le moyen de les faire taire. La musique est accoutumée à ne
point faire ce qu'on veut. Ho sus[1], à nous! Avant que de chanter,
il faut que je prélude[2] un peu, et joue quelque pièce, afin de mieux
prendre mon ton.* Plan, plan, plan. Plin, plin, plin. *Voilà un temps
fâcheux pour mettre un luth d'accord[3].* Plin, plin, plin. Plin tan
705 plan. Plin, plin. *Les cordes ne tiennent point par ce temps-là.* Plin,
plan. *J'entends du bruit, mettons mon luth contre la porte.*

ARCHERS[4], *passant dans la rue,
accourent au bruit qu'ils entendent et demandent :*
Qui va là, qui va là ?

POLICHINELLE, *tout bas.*
*Qui diable est-ce là ? Est-ce que c'est la mode de parler en
musique ?*

ARCHERS
710 *Qui va là, qui va là, qui va là ?*

POLICHINELLE, *épouvanté.*
Moi, moi, moi.

ARCHERS
Qui va là, qui va là ? vous dis-je.

POLICHINELLE
Moi, moi, vous dis-je.

ARCHERS
Et qui toi ? et qui toi ?

---

1. *Ho sus* : allons !
2. *Prélude* : prépare ma voix.
3. *Pour mettre un luth d'accord* : pour accorder un luth (voir note 1, p. 76).
4. *Archers* : gendarmes.

POLICHINELLE
715 *Moi, moi, moi, moi, moi, moi.*

ARCHERS
Dis ton nom, dis ton nom, sans davantage attendre.

POLICHINELLE, *feignant[1] d'être bien hardi.*
Mon nom est : « Va te faire pendre. »

ARCHERS
Ici, camarades, ici.
Saisissons l'insolent qui nous répond ainsi.

Entrée de ballet

Tout le Guet vient, qui cherche Polichinelle dans la nuit.
(VIOLONS ET DANSEURS.)

POLICHINELLE
720 *Qui va là ?*

(VIOLONS ET DANSEURS.)

POLICHINELLE
Qui sont les coquins que j'entends ?
(VIOLONS ET DANSEURS.)

POLICHINELLE

Euh ?

(VIOLONS ET DANSEURS.)

POLICHINELLE
Holà, mes laquais, mes gens !
(VIOLONS ET DANSEURS.)

---

1. *Feignant* : faisant semblant (du verbe «feindre»).

POLICHINELLE

Par la mort !

(VIOLONS ET DANSEURS.)

POLICHINELLE

725   *Par le sang[1] !*

(VIOLONS ET DANSEURS.)

POLICHINELLE
J'en jetterai par terre.

(VIOLONS ET DANSEURS.)

POLICHINELLE

Champagne, Poitevin, Picard, Basque, Breton[2] !

(VIOLONS ET DANSEURS.)

POLICHINELLE

Donnez-moi mon mousqueton[3].

(VIOLONS ET DANSEURS.)

POLICHINELLE *tire un coup de pistolet.*

Poue.

Ils tombent tous et s'enfuient.

POLICHINELLE, *en se moquant.*

730 *Ah ! ah ! ah ! ah ! comme je leur ai donné l'épouvante[4] ! Voilà de sottes gens d'avoir peur de moi, qui ai peur des autres. Ma foi ! il n'est que de jouer d'adresse[5] en ce monde. Si je n'avais tranché*

---

1. *Par la mort ! par le sang !* : jurons.
2. *Champagne, [...] Breton* : Polichinelle invente des serviteurs imaginaires qu'il nomme par leur région d'origine.
3. *Mousqueton* : pistolet.
4. *Comme je leur ai donné l'épouvante* : comme je leur ai fait peur.
5. *Il n'est que de jouer d'adresse* : il suffit d'être astucieux.

*du¹ grand seigneur, et n'avais fait le brave, ils n'auraient pas
manqué de me happer². Ah! ah! ah!*

> *Les archers se rapprochent, et ayant entendu ce
> qu'il disait, ils le saisissent au collet.*

ARCHERS

735 *Nous le tenons. À nous, camarades, à nous.
Dépêchez, de la lumière.*

Ballet

Tout le Guet vient avec des lanternes.

ARCHERS

*Ah! traître! ah! fripon! c'est donc vous?
Faquin, maraud, pendard³, impudent, téméraire,
Insolent, effronté, coquin, filou, voleur,*
740 *Vous osez nous faire peur?*

POLICHINELLE

Messieurs, c'est que j'étais ivre.

ARCHERS

*Non, non, non, point de raison;
Il faut vous apprendre à vivre.
En prison, vite, en prison.*

---

1. *Tranché du* : joué le.
2. *Me happer* : m'attraper.
3. *Faquin, maraud, pendard* : injures méprisantes. Un *faquin* est un homme qui commet des actions honteuses ; un *maraud* est un homme de basse condition, un fripon ; et un *pendard* est un vaurien, un individu qui mérite d'être pendu.

80 | Le Malade imaginaire

POLICHINELLE
745 *Messieurs, je ne suis point voleur.*

ARCHERS
En prison.

POLICHINELLE
Je suis un bourgeois de la ville.

ARCHERS
En prison.

POLICHINELLE
Qu'ai-je fait ?

ARCHERS
750 *En prison, vite, en prison.*

POLICHINELLE
Messieurs, laissez-moi aller.

ARCHERS
Non.

POLICHINELLE
Je vous prie.

ARCHERS
Non.

POLICHINELLE
755 *Eh !*

ARCHERS
Non.

POLICHINELLE
De grâce.

ARCHERS

Non, non.

POLICHINELLE

Messieurs.

ARCHERS

760 *Non, non, non.*

POLICHINELLE

S'il vous plaît.

ARCHERS

Non, non.

POLICHINELLE

Par charité.

ARCHERS

Non, non.

POLICHINELLE

765 *Au nom du Ciel!*

ARCHERS

Non, non.

POLICHINELLE

Miséricorde!

ARCHERS
Non, non, non, point de raison;
Il faut vous apprendre à vivre.
770 *En prison, vite, en prison.*

POLICHINELLE
Hé! n'est-il rien, Messieurs, qui soit capable d'attendrir vos âmes?

ARCHERS

Il est aisé de nous toucher,
Et nous sommes humains plus qu'on ne saurait croire ;
Donnez-nous doucement six pistoles[1] pour boire,
Nous allons vous lâcher.

POLICHINELLE

Hélas ! Messieurs, je vous assure que je n'ai pas un sou sur moi.

ARCHERS

Au défaut de six pistoles,
Choisissez donc sans façon
D'avoir trente croquignoles[2]
Ou douze coups de bâton.

POLICHINELLE

Si c'est une nécessité, et qu'il faille en passer par là, je choisis les croquignoles.

ARCHERS

Allons, préparez-vous,
Et comptez bien les coups.

Ballet

Les Archers danseurs lui donnent des croquignoles en cadence.

POLICHINELLE

Un et deux, trois et quatre, cinq et six, sept et huit, neuf et dix, onze et douze, et treize, et quatorze, et quinze.

---

1. *Pistoles* : pièces d'or frappées en Espagne ou en Italie.
2. *Croquignoles* : coups sur la tête.

Archers
Ah ! ah ! vous en voulez passer :
Allons, c'est à recommencer.

Polichinelle
Ah ! Messieurs, ma pauvre tête n'en peut plus, et vous venez de
me la rendre comme une pomme cuite. J'aime mieux encore les
coups de bâton que de recommencer.

Archers
Soit ! puisque le bâton est pour vous plus charmant,
Vous aurez contentement.

Ballet

Les Archers danseurs lui donnent des coups de bâton en cadence.

Polichinelle
Un, deux, trois, quatre, cinq, six, ah ! ah ! ah ! je n'y saurais plus
résister. Tenez, Messieurs, voilà six pistoles que je vous donne.

Archers
Ah ! l'honnête homme ! Ah ! l'âme noble et belle !
Adieu, seigneur, adieu, seigneur Polichinelle.

Polichinelle
Messieurs, je vous donne le bonsoir.

Archers
Adieu, seigneur, adieu, seigneur Polichinelle.

Polichinelle
Votre serviteur.

ARCHERS
Adieu, seigneur, adieu, seigneur Polichinelle.

POLICHINELLE
Très humble valet.

ARCHERS
Adieu, seigneur, adieu, seigneur Polichinelle.

POLICHINELLE
Jusqu'au revoir.

Ballet

Ils dansent tous, en réjouissance de l'argent qu'ils ont reçu.
Le théâtre change et représente la même chambre.

ACTE II

Scène première

TOINETTE, CLÉANTE

805 TOINETTE. – Que demandez-vous, Monsieur ?

CLÉANTE. – Ce que je demande ?

TOINETTE. – Ah ! ah ! c'est vous ? Quelle surprise ! Que venez-vous faire céans[1] ?

CLÉANTE. – Savoir ma destinée, parler à l'aimable Angélique,
810 consulter les sentiments de son cœur, et lui demander ses résolutions sur ce mariage fatal dont on m'a averti.

TOINETTE. – Oui, mais on ne parle pas comme cela de but en blanc à Angélique : il faut des mystères[2], et l'on vous a dit l'étroite garde où elle est retenue, qu'on ne la laisse ni sortir,
815 ni parler à personne, et que ce ne fut que la curiosité d'une vieille tante qui nous fit accorder la liberté d'aller à cette comédie qui donna lieu à la naissance de votre passion ; et nous nous sommes bien gardées de parler de cette aventure.

CLÉANTE. – Aussi ne viens-je pas ici comme Cléante et sous
820 l'apparence de son amant, mais comme ami de son maître de

---

1. *Céans* : ici.
2. *Il faut des mystères* : il faut agir en secret, discrètement.

musique, dont j'ai obtenu le pouvoir de dire qu'il m'envoie à sa place.

TOINETTE. – Voici son père. Retirez-vous un peu, et me laissez[1] lui dire que vous êtes là.

Scène 2

ARGAN, TOINETTE, CLÉANTE

ARGAN. – Monsieur Purgon m'a dit de me promener le matin dans ma chambre, douze allées, et douze venues ; mais j'ai oublié à lui demander si c'est en long, ou en large.

TOINETTE. – Monsieur, voilà un…

ARGAN. – Parle bas, pendarde : tu viens m'ébranler[2] tout le cerveau, et tu ne songes pas qu'il ne faut point parler si haut à des malades.

TOINETTE. – Je voulais vous dire, Monsieur…

ARGAN. – Parle bas, te dis-je.

TOINETTE. – Monsieur…

Elle fait semblant de parler.

ARGAN. – Eh ?

TOINETTE. – Je vous dis que…

Elle fait semblant de parler.

ARGAN. – Qu'est-ce que tu dis ?

TOINETTE, *haut.* – Je dis que voilà un homme qui veut parler à vous.

---

1. *Me laissez* : laissez-moi.
2. *M'ébranler* : me secouer.

840 ARGAN. – Qu'il vienne.

Toinette fait signe à Cléante d'avancer.

CLÉANTE. – Monsieur…

TOINETTE, *raillant*. – Ne parlez pas si haut, de peur d'ébranler le cerveau de Monsieur.

CLÉANTE. – Monsieur, je suis ravi de vous trouver debout et de
845 voir que vous vous portez mieux.

Toinette, *feignant d'être en colère*. – Comment « qu'il se porte mieux » ? Cela est faux : Monsieur se porte toujours mal.

CLÉANTE. – J'ai ouï dire que Monsieur était mieux, et je lui trouve bon visage.

850 TOINETTE. – Que voulez-vous dire avec votre bon visage ? Monsieur l'a fort mauvais, et ce sont des impertinents qui vous ont dit qu'il était mieux. Il ne s'est jamais si mal porté.

ARGAN. – Elle a raison.

TOINETTE. – Il marche, dort, mange, et boit tout comme les
855 autres ; mais cela n'empêche pas qu'il ne soit fort malade.

ARGAN. – Cela est vrai.

CLÉANTE. – Monsieur, j'en suis au désespoir. Je viens de la part du maître à chanter de Mademoiselle votre fille. Il s'est vu obligé d'aller à la campagne pour quelques jours ; et comme
860 son ami intime[1], il m'envoie à sa place, pour lui continuer ses leçons, de peur qu'en les interrompant elle ne vînt à oublier ce qu'elle sait déjà.

ARGAN. – Fort bien. Appelez Angélique.

TOINETTE. – Je crois, Monsieur, qu'il sera mieux de mener Mon-
865 sieur à sa chambre.

ARGAN. – Non ; faites-la venir.

TOINETTE. – Il ne pourra lui donner leçon comme il faut, s'ils ne sont en particulier[2].

---

1. *Comme son ami intime* : puisque je suis son ami intime.
2. *En particulier* : en tête à tête.

ARGAN. – Si fait, si fait.

TOINETTE. – Monsieur, cela ne fera que vous étourdir, et il ne faut rien pour vous émouvoir en l'état où vous êtes, et vous ébranler le cerveau.

ARGAN. – Point, point : j'aime la musique, et je serai bien aise de… Ah ! la voici. Allez-vous-en voir, vous, si ma femme est habillée.

Scène 3

ARGAN, ANGÉLIQUE, CLÉANTE

ARGAN. – Venez, ma fille : votre maître de musique est allé aux champs, et voilà une personne qu'il envoie à sa place pour vous montrer[1].

ANGÉLIQUE. – Ah, Ciel !

ARGAN. – Qu'est-ce ? d'où vient cette surprise ?

ANGÉLIQUE. – C'est…

ARGAN. – Quoi ? qui[2] vous émeut de la sorte ?

ANGÉLIQUE. – C'est mon père, une aventure surprenante qui se rencontre ici.

ARGAN. – Comment ?

ANGÉLIQUE. – J'ai songé[3] cette nuit que j'étais dans le plus grand embarras du monde, et qu'une personne faite tout comme Monsieur s'est présentée à moi, à qui j'ai demandé secours, et qui m'est venue tirer de la peine où j'étais ; et ma surprise

---

1. *Pour vous montrer* : pour vous donner une leçon de musique.
2. *Qui* : qu'est-ce qui ?
3. *J'ai songé* : j'ai rêvé.

a été grande de voir inopinément[1], en arrivant ici, ce que j'ai eu dans l'idée toute la nuit.

CLÉANTE. – Ce n'est pas être malheureux que d'occuper votre pensée, soit en dormant, soit en veillant, et mon bonheur serait grand sans doute si vous étiez dans quelque peine dont vous me jugeassiez[2] digne de vous tirer ; et il n'y a rien que je ne fisse pour…

Scène 4

TOINETTE, CLÉANTE, ANGÉLIQUE, ARGAN

TOINETTE, *par dérision*. – Ma foi, Monsieur, je suis pour vous maintenant, et je me dédis[3] de tout ce que je disais hier. Voici Monsieur Diafoirus le père, et Monsieur Diafoirus le fils, qui viennent vous rendre visite. Que vous serez bien engendré[4] ! Vous allez voir le garçon le mieux fait du monde, et le plus spirituel. Il n'a dit que deux mots, qui m'ont ravie, et votre fille va être charmée de lui.

ARGAN, *à Cléante, qui feint de vouloir s'en aller*. – Ne vous en allez point, Monsieur. C'est que je marie ma fille ; et voilà qu'on lui amène son prétendu mari[5], qu'elle n'a point encore vu.

CLÉANTE. – C'est m'honorer beaucoup, Monsieur, de vouloir que je sois témoin d'une entrevue si agréable.

ARGAN. – C'est le fils d'un habile médecin, et le mariage se fera dans quatre jours.

---

1. *Inopinément* : de façon inattendue.
2. *Jugeassiez* : subjonctif imparfait du verbe « juger ».
3. *Je me dédis* : je reviens sur mes paroles, je les désapprouve.
4. *Que vous serez bien engendré !* : quel beau gendre vous aurez !
5. *Son prétendu mari* : son fiancé.

CLÉANTE. – Fort bien.
ARGAN. – Mandez-le[1] un peu à son maître de musique, afin qu'il se trouve à la noce.
CLÉANTE. – Je n'y manquerai pas.
ARGAN. – Je vous y prie aussi.
CLÉANTE. – Vous me faites beaucoup d'honneur.
TOINETTE. – Allons, qu'on se range, les voici.

Scène 5

MONSIEUR DIAFOIRUS, THOMAS DIAFOIRUS, ARGAN, ANGÉLIQUE, CLÉANTE, TOINETTE

ARGAN, *mettant la main à son bonnet sans l'ôter*. – Monsieur Purgon, Monsieur, m'a défendu de découvrir ma tête. Vous êtes du métier, vous savez les conséquences.
MONSIEUR DIAFOIRUS. – Nous sommes dans toutes nos visites pour[2] porter secours aux malades, et non pour leur porter de l'incommodité.
ARGAN. – Je reçois, Monsieur...

> *Ils parlent tous deux en même temps, s'interrompent et confondent.*

MONSIEUR DIAFOIRUS. – Nous venons ici, Monsieur...
ARGAN. – Avec beaucoup de joie...
MONSIEUR DIAFOIRUS. – Mon fils Thomas, et moi...
ARGAN. – L'honneur que vous me faites...
MONSIEUR DIAFOIRUS. – Vous témoigner, Monsieur...
ARGAN. – Et j'aurais souhaité...

---

1. *Mandez-le* : faites-le savoir.
2. *Nous sommes* [...] *pour* : nous devons.

MONSIEUR DIAFOIRUS. – Le ravissement où nous sommes…
ARGAN. – De pouvoir aller chez vous…
MONSIEUR DIAFOIRUS. – De la grâce que vous nous faites…
ARGAN. – Pour vous en assurer…
935 MONSIEUR DIAFOIRUS. – De vouloir bien nous recevoir…
ARGAN. – Mais vous savez, Monsieur…
MONSIEUR DIAFOIRUS. – Dans l'honneur, Monsieur…
ARGAN. – Ce que c'est qu'un pauvre malade…
MONSIEUR DIAFOIRUS. – De votre alliance[1]…
940 ARGAN. – Qui ne peut faire autre chose…
MONSIEUR DIAFOIRUS. – Et vous assurer…
ARGAN. – Que de vous dire ici…
MONSIEUR DIAFOIRUS. – Que dans les choses qui dépendront de notre métier…
945 ARGAN. – Qu'il cherchera toutes les occasions…
MONSIEUR DIAFOIRUS. – De même qu'en toute autre…
ARGAN. – De vous faire connaître, Monsieur…
MONSIEUR DIAFOIRUS. – Nous serons toujours prêts, Monsieur…
ARGAN. – Qu'il est tout à votre service…
950 MONSIEUR DIAFOIRUS. – À vous témoigner notre zèle. *(Il se retourne vers son fils et lui dit :)* Allons, Thomas, avancez. Faites vos compliments.
THOMAS DIAFOIRUS *est un grand benêt[2], nouvellement sorti des Écoles, qui fait toutes choses de mauvaise grâce[3] et à contretemps.* – N'est-
955   ce pas par le père qu'il convient commencer ?
MONSIEUR DIAFOIRUS. – Oui.
THOMAS DIAFOIRUS. – Monsieur, je viens saluer, reconnaître, chérir, et révérer en vous un second père ; mais un second père auquel j'ose dire que je me trouve plus redevable qu'au

---

1. *De votre alliance* : de l'union qui va s'établir entre nos deux familles (grâce au mariage).
2. *Benêt* : sot, qui n'est pas encore habitué aux usages de la société.
3. *De mauvaise grâce* : maladroitement.

premier. Le premier m'a engendré[1] ; mais vous m'avez choisi. Il m'a reçu par nécessité ; mais vous m'avez accepté par grâce. Ce que je tiens de lui est un ouvrage de son corps, mais ce que je tiens de vous est un ouvrage de votre volonté ; et d'autant plus que les facultés spirituelles sont au-dessus des corporelles, d'autant plus je vous dois, et d'autant plus je tiens précieuse cette future filiation[2], dont je viens aujourd'hui vous rendre par avance les très humbles et très respectueux hommages.

TOINETTE. – Vivent les collèges, d'où l'on sort si habile homme !
THOMAS DIAFOIRUS. – Cela a-t-il bien été, mon père ?
MONSIEUR DIAFOIRUS. – *Optime*[3].
ARGAN, *à Angélique*. – Allons, saluez Monsieur.
THOMAS DIAFOIRUS. – Baiserai-je[4] ?
MONSIEUR DIAFOIRUS. – Oui, oui.
THOMAS DIAFOIRUS, *à Angélique*. – Madame, c'est avec justice que le Ciel vous a concédé le nom de belle-mère, puisque l'on…
ARGAN. – Ce n'est pas ma femme, c'est ma fille à qui vous parlez.
THOMAS DIAFOIRUS. – Où donc est-elle ?
ARGAN. – Elle va venir.
THOMAS DIAFOIRUS. – Attendrai-je, mon père, qu'elle soit venue ?
MONSIEUR DIAFOIRUS. – Faites toujours le compliment de Mademoiselle.
THOMAS DIAFOIRUS. – Mademoiselle, ne plus ne moins[5] que la statue de Memnon[6] rendait un son harmonieux, lorsqu'elle

---

1. *M'a engendré* : m'a donné naissance.
2. *Filiation* : lien de parenté entre un père et son fils. En épousant Angélique, Thomas sera considéré comme le fils d'Argan.
3. *Optime* : très bien, en latin.
4. *Baiserai-je ?* : lui donnerai-je un baiser (sur la joue) ? Le baiser est une marque de politesse.
5. *Ne plus ne moins* : ni plus ni moins (« ne » pour « ni » est un archaïsme et un trait de langue campagnard).
6. *Statue de Memnon* : statue dont une légende de l'Antiquité disait qu'elle chantait au lever du soleil.

venait à être éclairée des rayons du soleil : tout de même me sens-je animé d'un doux transport[1] à l'apparition du soleil de vos beautés. Et comme les naturalistes remarquent que la fleur nommée héliotrope tourne sans cesse vers cet astre du jour, aussi mon cœur dores-en-avant[2] tournera-t-il toujours vers les astres resplendissants de vos yeux adorables, ainsi que vers son pôle unique. Souffrez donc, Mademoiselle, que j'appende[3] aujourd'hui à l'autel de vos charmes l'offrande de ce cœur, qui ne respire et n'ambitionne autre gloire que d'être toute sa vie, Mademoiselle, votre très humble, très obéissant et très fidèle serviteur et mari.

TOINETTE, *en le raillant.* – Voilà ce que c'est que d'étudier, on apprend à dire de belles choses.

ARGAN. – Eh ! que dites-vous de cela ?

CLÉANTE. – Que Monsieur fait merveilles, et que s'il est aussi bon médecin qu'il est bon orateur[4], il y aura plaisir à être de ses malades.

TOINETTE. – Assurément. Ce sera quelque chose d'admirable s'il fait d'aussi belles cures[5] qu'il fait de beaux discours.

ARGAN. – Allons vite, ma chaise, et des sièges à tout le monde. Mettez-vous là, ma fille. Vous voyez, Monsieur, que tout le monde admire Monsieur votre fils, et je vous trouve bien heureux de vous voir un garçon comme cela.

MONSIEUR DIAFOIRUS. – Monsieur, ce n'est pas parce que je suis son père, mais je puis dire que j'ai sujet d'être content de lui, et que tous ceux qui le voient en parlent comme d'un garçon qui n'a point de méchanceté. Il n'a jamais eu l'imagination bien vive, ni ce feu d'esprit qu'on remarque dans quelques-uns ; mais

---

1. *Doux transport* : sentiment amoureux.
2. *Dores-en-avant* : dorénavant, désormais.
3. *Appende* : attache.
4. *Bon orateur* : doué pour les discours.
5. *Cures* : soins, traitements.

c'est par là que j'ai toujours bien auguré de sa judiciaire[1], qualité requise pour l'exercice de notre art. Lorsqu'il était petit, il n'a jamais été ce qu'on appelle mièvre[2] et éveillé. On le voyait toujours doux, paisible, et taciturne[3], ne disant jamais mot, et ne jouant jamais à tous ces petits jeux que l'on nomme enfantins. On eut toutes les peines du monde à lui apprendre à lire, et il avait neuf ans, qu'il ne connaissait pas encore ses lettres. « Bon, disais-je en moi-même, les arbres tardifs sont ceux qui portent les meilleurs fruits ; on grave sur le marbre bien plus malaisément que sur le sable ; mais les choses y sont conservées bien plus longtemps, et cette lenteur à comprendre, cette pesanteur d'imagination, est la marque d'un bon jugement à venir. » Lorsque je l'envoyai au collège, il trouva de la peine[4] ; mais il se raidissait contre les difficultés, et ses régents[5] se louaient toujours à moi de son assiduité, et de son travail. Enfin, à force de battre le fer[6], il en est venu glorieusement à avoir ses licences[7] ; et je puis dire sans vanité que depuis deux ans qu'il est sur les bancs, il n'y a point de candidat qui ait fait plus de bruit que lui dans toutes les disputes de notre École[8]. Il s'y est rendu redoutable, et il ne s'y passe point d'acte[9] où il n'aille argumenter à outrance[10] pour la proposition contraire. Il est ferme dans

---

1. *J'ai toujours bien auguré de sa judicaire* : j'ai toujours pensé qu'il aurait la faculté de bien juger.
2. *Mièvre* : au XVIIᵉ siècle, signifie « vif ».
3. *Taciturne* : qui parle peu.
4. *Il trouva de la peine* : il eut du mal, il rencontra des difficultés (à suivre les cours).
5. *Régents* : professeurs.
6. *Battre le fer* : travailler avec acharnement.
7. *Licences* : diplômes universitaires.
8. *Les disputes de notre École* : les débats publics auxquels se livrent les étudiants en médecine.
9. *Acte* : débat public lors d'une soutenance de thèse.
10. *À outrance* : du mieux qu'il peut.

la dispute, fort comme un Turc sur ses principes, ne démord jamais de son opinion, et poursuit un raisonnement jusque dans les derniers recoins de la logique. Mais sur toute chose ce qui me plaît en lui, et en quoi il suit mon exemple, c'est qu'il s'attache aveuglément aux opinions de nos anciens[1], et que jamais il n'a voulu comprendre ni écouter les raisons et les expériences des prétendues découvertes de notre siècle, touchant la circulation du sang[2], et autres opinions de même farine[3].

THOMAS DIAFOIRUS. *Il tire une grande thèse[4] roulée de sa poche, qu'il présente à Angélique.* – J'ai contre les circulateurs[5] soutenu une thèse, qu'avec la permission de Monsieur, j'ose présenter à Mademoiselle, comme un hommage que je lui dois des prémices[6] de mon esprit.

ANGÉLIQUE. – Monsieur, c'est pour moi un meuble[7] inutile, et je ne me connais pas à ces choses-là.

TOINETTE. – Donnez, donnez, elle est toujours bonne à prendre pour l'image[8] ; cela servira à parer[9] notre chambre.

THOMAS DIAFOIRUS. – Avec la permission aussi de Monsieur, je vous invite à venir voir l'un de ces jours, pour vous divertir, la dissection d'une femme, sur quoi je dois raisonner.

---

1. *Nos anciens* : les savants de l'Antiquité grecque et romaine.
2. Le médecin Harvey a découvert en 1619 que le sang circulait dans le corps, mais cette découverte a été contestée par de nombreux savants. Le personnage de M. Diafoirus permet à Molière de critiquer ces médecins conservateurs.
3. *De même farine* : de cette sorte.
4. *Thèse* : ici, affiche illustrée d'une gravure signalant les positions que l'on défendra en public à une date donnée.
5. *Circulateurs* : savants qui soutiennent la thèse de la circulation du sang dans le corps.
6. *Prémices* : premières manifestations.
7. *Meuble* : objet, décoration.
8. *Image* : illustration (voir note 4, ci-dessus).
9. *Parer* : décorer, embellir.

TOINETTE. – Le divertissement sera agréable. Il y en a qui donnent la comédie à leurs maîtresses ; mais donner une dissection est quelque chose de plus galant.

MONSIEUR DIAFOIRUS. – Au reste, pour ce qui est des qualités requises pour le mariage et la propagation[1], je vous assure que, selon les règles de nos docteurs, il est tel qu'on le peut souhaiter, qu'il possède en un degré louable la vertu prolifique[2] et qu'il est du tempérament qu'il faut pour engendrer et procréer des enfants bien conditionnés[3].

ARGAN. – N'est-ce pas votre intention, Monsieur, de le pousser à la cour, et d'y ménager pour lui une charge de médecin[4] ?

MONSIEUR DIAFOIRUS. – À vous en parler franchement, notre métier auprès des grands[5] ne m'a jamais paru agréable, et j'ai toujours trouvé qu'il valait mieux, pour nous autres, demeurer au public[6]. Le public est commode. Vous n'avez à répondre de vos actions à personne ; et pourvu que l'on suive le courant des règles de l'art, on ne se met point en peine de tout ce qui peut arriver. Mais ce qu'il y a de fâcheux auprès des grands, c'est que, quand ils viennent à être malades, ils veulent absolument que leurs médecins les guérissent.

TOINETTE. – Cela est plaisant, et ils sont bien impertinents de vouloir que vous autres Messieurs vous les guérissiez : vous n'êtes point auprès d'eux pour cela ; vous n'y êtes que pour recevoir vos pensions[7], et leur ordonner des remèdes ; c'est à eux à guérir s'ils peuvent.

---

1. *Propagation* : reproduction.
2. *Vertu prolifique* : capacité de se reproduire.
3. *Conditionnés* : constitués.
4. C'est-à-dire de l'introduire auprès de la cour du roi pour qu'il devienne le médecin de patients nobles et riches.
5. *Grands* : aristocrates, individus de la haute noblesse.
6. *Demeurer au public* : n'avoir comme patients que les gens du peuple.
7. *Pensions* : salaires annuels.

Monsieur Diafoirus. – Cela est vrai. On n'est obligé qu'à traiter les gens dans les formes.

Argan, *à Cléante.* – Monsieur, faites un peu chanter ma fille devant la compagnie.

Cléante. – J'attendais vos ordres, Monsieur, et il m'est venu en pensée, pour divertir la compagnie, de chanter avec Mademoiselle une scène d'un petit opéra qu'on a fait depuis peu. Tenez, voilà votre partie.

Angélique. – Moi ?

Cléante. – Ne vous défendez point[1], s'il vous plaît, et me laissez vous faire comprendre ce que c'est que la scène que nous devons chanter. Je n'ai pas une voix à chanter ; mais il suffit ici que je me fasse entendre[2], et l'on aura la bonté de m'excuser par la nécessité où je me trouve de faire chanter Mademoiselle.

Argan. – Les vers en sont-ils beaux ?

Cléante. – C'est proprement ici un petit opéra impromptu[3], et vous n'allez entendre chanter que de la prose cadencée, ou des manières de vers libres[4], tels que la passion et la nécessité peuvent faire trouver à deux personnes qui disent les choses d'eux-mêmes, et parlent sur-le-champ.

Argan. – Fort bien. Écoutons.

Cléante *sous le nom d'un Berger, explique à sa maîtresse son amour depuis leur rencontre, et ensuite ils s'appliquent leurs pensées l'un à l'autre en chantant*[5]. – Voici le sujet de la scène. Un Berger était attentif aux beautés d'un spectacle, qui ne faisait que de

---

1. *Ne vous défendez point* : ne refusez pas.
2. Cléante joue sur le double sens du mot « entendre », qui peut aussi signifier « comprendre ».
3. *Impromptu* : improvisé, composé dans l'urgence.
4. *De la prose cadencée, ou des manières de vers libres* : des vers qui ne riment pas.
5. Cléante utilise le personnage du berger pour s'adresser à Angélique, qui entre dans le jeu.

commencer, lorsqu'il fut tiré de son attention par un bruit qu'il entendit à ses côtés. Il se retourne, et voit un brutal, qui de paroles insolentes maltraitait une Bergère. D'abord il prend les intérêts d'un sexe[1] à qui tous les hommes doivent hommage ; et après avoir donné au brutal le châtiment de son insolence, il vient à la Bergère, et voit une jeune personne qui, des deux plus beaux yeux qu'il eût jamais vus, versait des larmes, qu'il trouva les plus belles du monde. « Hélas ! dit-il en lui-même, est-on capable d'outrager[2] une personne si aimable ? Et quel inhumain, quel barbare ne serait touché par de telles larmes ? » Il prend soin de les arrêter, ces larmes, qu'il trouve si belles ; et l'aimable Bergère prend soin en même temps de le remercier de son léger service, mais d'une manière si charmante, si tendre, et si passionnée, que le Berger n'y peut résister ; et chaque mot, chaque regard, est un trait plein de flamme, dont son cœur se sent pénétré. « Est-il, disait-il, quelque chose qui puisse mériter les aimables paroles d'un tel remerciement ? Et que ne voudrait-on pas faire, à quels services, à quels dangers, ne serait-on pas ravi de courir, pour s'attirer un seul moment des touchantes douceurs d'une âme si reconnaissante ? » Tout le spectacle passe sans qu'il y donne aucune attention ; mais il se plaint qu'il est trop court, parce qu'en finissant il le sépare de son adorable Bergère ; et de cette première vue, de ce premier moment, il emporte chez lui tout ce qu'un amour de plusieurs années peut avoir de plus violent. Le voilà aussitôt à sentir tous les maux de l'absence, et il est tourmenté de ne plus voir ce qu'il a si peu vu. Il fait tout ce qu'il peut pour se redonner cette vue[3], dont il conserve, nuit et jour, une si chère idée ; mais la

---

1. *D'un sexe* : du genre féminin.
2. *Outrager* : blesser par un acte ou une parole injurieuse, violente.
3. *Pour se redonner cette vue* : pour la revoir.

grande contrainte[1] où l'on tient sa Bergère lui en ôte tous les moyens. La violence de sa passion le fait résoudre à demander en mariage l'adorable beauté sans laquelle il ne peut plus vivre, et il en obtient d'elle la permission par un billet qu'il a l'adresse de lui faire tenir. Mais dans le même temps on l'avertit que le père de cette belle a conclu son mariage avec un autre, et que tout se dispose pour en célébrer la cérémonie. Jugez quelle atteinte cruelle au cœur de ce triste Berger. Le voilà accablé d'une mortelle douleur. Il ne peut souffrir l'effroyable idée de voir tout ce qu'il aime entre les bras d'un autre ; et son amour au désespoir lui fait trouver moyen de s'introduire dans la maison de sa Bergère, pour apprendre ses sentiments et savoir d'elle la destinée à laquelle il doit se résoudre. Il y rencontre les apprêts[2] de tout ce qu'il craint ; il y voit venir l'indigne rival que le caprice d'un père oppose aux tendresses de son amour. Il le voit triomphant, ce rival ridicule, auprès de l'aimable Bergère, ainsi qu'auprès d'une conquête qui lui est assurée ; et cette vue le remplit d'une colère, dont il a peine à se rendre le maître. Il jette de douloureux regards sur celle qu'il adore ; et son respect, et la présence de son père l'empêchent de lui rien dire que des yeux[3]. Mais enfin il force toute contrainte, et le transport de son amour l'oblige à lui parler ainsi :

(Il chante.)

Belle Philis, c'est trop, c'est trop souffrir ;
Rompons ce dur silence, et m'ouvrez vos pensées.
   Apprenez-moi ma destinée :
   Faut-il vivre ? Faut-il mourir ?

---

1. *Contrainte* : surveillance.
2. *Apprêts* : préparatifs.
3. *Que des yeux* : qu'avec les yeux.

ANGÉLIQUE *répond en chantant :*
Vous me voyez, Tircis, triste et mélancolique,
Aux apprêts de l'hymen[1] dont vous vous alarmez :
Je lève au ciel les yeux, je vous regarde, je soupire.
C'est vous en dire assez.

ARGAN. – Ouais ! je ne croyais pas que ma fille fût si habile que de chanter ainsi à livre ouvert, sans hésiter.

CLÉANTE
Hélas ! belle Philis,
Se pourrait-il que l'amoureux Tircis
Eût assez de bonheur,
Pour avoir quelque place dans votre cœur ?

ANGÉLIQUE
Je ne m'en défends point dans cette peine extrême :
Oui, Tircis, je vous aime.

CLÉANTE
Ô parole pleine d'appas[2] !
Ai-je bien entendu, hélas !
Redites-la, Philis, que je n'en doute pas.

ANGÉLIQUE
Oui, Tircis, je vous aime.

CLÉANTE
De grâce, encor, Philis.

ANGÉLIQUE
Je vous aime.

---

1. Hymen : mariage.
2. Appas : charme.

Cléante
Recommencez cent fois, ne vous en lassez pas.

Angélique
Je vous aime, je vous aime,
Oui, Tircis, je vous aime.

Cléante
1185 *Dieux, rois, qui sous vos pieds regardez tout le monde,*
Pouvez-vous comparer votre bonheur au mien ?
Mais, Philis, une pensée
Vient troubler ce doux transport :
Un rival, un rival...

Angélique
1190 *Ah ! je le hais plus que la mort ;*
Et sa présence, ainsi qu'à vous,
M'est un cruel supplice.

Cléante
Mais un père à ses vœux vous veut assujettir.

Angélique
Plutôt, plutôt mourir
1195 *Que de jamais y consentir ;*
Plutôt, plutôt mourir, plutôt mourir.

Argan. – Et que dit le père à tout cela ?
Cléante. – Il ne dit rien.
Argan. – Voilà un sot père que ce père-là, de souffrir toutes ces
1200 sottises-là sans rien dire.

Cléante
Ah ! mon amour...

ARGAN. – Non, non, en voilà assez. Cette comédie-là est de fort mauvais exemple. Le berger Tircis est un impertinent, et la bergère Philis une impudente, de parler de la sorte devant son père. Montrez-moi ce papier. Ha, ha. Où sont donc les paroles que vous avez dites ? Il n'y a là que de la musique écrite.

CLÉANTE. – Est-ce que vous ne savez pas, Monsieur, qu'on a trouvé depuis peu l'invention d'écrire les paroles avec les notes mêmes ?

ARGAN. – Fort bien. Je suis votre serviteur[1], Monsieur ; jusqu'au revoir. Nous nous serions bien passés de votre impertinent d'opéra.

CLÉANTE. – J'ai cru vous divertir.

ARGAN. – Les sottises ne divertissent point. Ah ! voici ma femme.

Scène 6

BÉLINE, ARGAN, TOINETTE, ANGÉLIQUE, MONSIEUR DIAFOIRUS, THOMAS DIAFOIRUS

ARGAN. – Mamour, voilà le fils de Monsieur Diafoirus.

THOMAS DIAFOIRUS *commence un compliment qu'il avait étudié, et la mémoire lui manquant, il ne peut le continuer.* – Madame, c'est avec justice que le Ciel vous a concédé le nom de belle-mère, puisque l'on voit sur votre visage…

BÉLINE. – Monsieur, je suis ravie d'être venue ici à propos[2] pour avoir l'honneur de vous voir.

THOMAS DIAFOIRUS. – Puisque l'on voit sur votre visage… puisque l'on voit sur votre visage… Madame, vous m'avez

---

1. *Je suis votre serviteur* : je vous remercie (formule de politesse) ; l'emploi est ici ironique puisque Argan congédie Cléante.
2. *À propos* : au bon moment.

interrompu dans le milieu de ma période[1], et cela m'a troublé la mémoire.

Monsieur Diafoirus. – Thomas, réservez cela pour une autre fois.

Argan. – Je voudrais, mamie, que vous eussiez été ici tantôt.

Toinette. – Ah ! Madame, vous avez bien perdu de n'avoir point été au second père, à la statue de Memnon, et à la fleur nommée héliotrope.

Argan. – Allons, ma fille, touchez dans la main de Monsieur, et lui donnez votre foi[2], comme à votre mari.

Angélique. – Mon père !

Argan. – Hé bien ! « Mon père » ? Qu'est-ce que cela veut dire ?

Angélique. – De grâce, ne précipitez pas les choses. Donnez-nous au moins le temps de nous connaître, et de voir naître en nous l'un pour l'autre cette inclination si nécessaire à composer une union parfaite.

Thomas Diafoirus. – Quant à moi, Mademoiselle, elle est déjà toute née en moi, et je n'ai pas besoin d'attendre davantage.

Angélique. – Si vous êtes si prompt, Monsieur, il n'en est pas de même de moi, et je vous avoue que votre mérite n'a pas encore fait assez d'impression dans mon âme.

Argan. – Ho bien, bien ! cela aura tout le loisir de se faire, quand vous serez mariés ensemble.

Angélique. – Eh ! mon père, donnez-moi du temps, je vous prie. Le mariage est une chaîne où l'on ne doit jamais soumettre un cœur par force ; et si Monsieur est honnête homme, il ne doit point vouloir accepter une personne qui serait à lui par contrainte.

---

1. *Période* : longue phrase, à la construction grammaticale complexe.
2. *Lui donnez votre foi* : donnez-lui votre parole ; promettez-lui de l'épouser.

THOMAS DIAFOIRUS. – *Nego consequentiam*[1], Mademoiselle, et je puis être honnête homme et vouloir bien vous accepter des mains de Monsieur votre père.

ANGÉLIQUE. – C'est un méchant moyen de se faire aimer de quelqu'un que de lui faire violence.

THOMAS DIAFOIRUS. – Nous lisons des anciens, Mademoiselle, que leur coutume était d'enlever par force de la maison des pères les filles qu'on menait marier, afin qu'il ne semblât pas que ce fût de leur consentement qu'elles convolaient dans les bras d'un homme[2].

ANGÉLIQUE. – Les anciens, Monsieur, sont les anciens, et nous sommes les gens de maintenant. Les grimaces[3] ne sont point nécessaires dans notre siècle ; et quand un mariage nous plaît, nous savons fort bien y aller, sans qu'on nous y traîne. Donnez-vous patience : si vous m'aimez, Monsieur, vous devez vouloir tout ce que je veux.

THOMAS DIAFOIRUS. – Oui, Mademoiselle, jusqu'aux intérêts de mon amour exclusivement.

ANGÉLIQUE. – Mais la grande marque d'amour, c'est d'être soumis aux volontés de celle qu'on aime.

THOMAS DIAFOIRUS. – *Distinguo*, Mademoiselle : dans ce qui ne regarde point sa possession, *concedo* ; mais dans ce qui la regarde, *nego*.

---

1. *Nego consequentiam* : formule latine qui signifie « je ne suis pas d'accord avec la conséquence de votre hypothèse ». Dans la suite du dialogue, les expressions latines en italique (*distinguo*, « j'apporte une nuance », *concedo*, « je concède », *nego*, « je ne suis pas d'accord ») sont toutes des formules empruntées au vocabulaire du droit. Thomas Diafoirus se comporte avec Angélique comme s'il s'agissait de l'avocat de la partie adverse, lors d'un procès au tribunal !
2. *Convolaient dans les bras d'un homme* : se mariaient à un homme.
3. *Grimaces* : dissimulations.

1275 TOINETTE. – Vous avez beau raisonner : Monsieur est frais émoulu[1] du collège, et il vous donnera toujours votre reste[2]. Pourquoi tant résister, et refuser la gloire d'être attachée au corps de la Faculté ?

BÉLINE. – Elle a peut-être quelque inclination en tête.

1280 ANGÉLIQUE. – Si j'en avais, Madame, elle serait telle que la raison et l'honnêteté pourraient me la permettre.

ARGAN. – Ouais ! je joue ici un plaisant personnage.

BÉLINE. – Si j'étais que de vous[3], mon fils, je ne la forcerais point à se marier, et je sais bien ce que je ferais.

1285 ANGÉLIQUE. – Je sais, Madame, ce que vous voulez dire, et les bontés que vous avez pour moi ; mais peut-être que vos conseils ne seront pas assez heureux pour être exécutés.

BÉLINE. – C'est que les filles bien sages et bien honnêtes, comme vous, se moquent d'être obéissantes, et soumises aux volon-
1290 tés de leurs pères. Cela était bon autrefois.

ANGÉLIQUE. – Le devoir d'une fille a des bornes, Madame, et la raison et les lois ne l'étendent point à toutes sortes de choses.

BÉLINE. – C'est-à-dire que vos pensées ne sont que pour le mariage ; mais vous voulez choisir un époux à votre fantaisie.

1295 ANGÉLIQUE. – Si mon père ne veut pas me donner un mari qui me plaise, je le conjurerai au moins de ne me point forcer à en épouser un que je ne puisse pas aimer.

ARGAN. – Messieurs, je vous demande pardon de tout ceci.

ANGÉLIQUE. – Chacun a son but en se mariant. Pour moi, qui ne
1300 veux un mari que pour l'aimer véritablement, et qui prétends en faire tout l'attachement de ma vie, je vous avoue que j'y cherche quelque précaution. Il y en a d'aucunes qui prennent des maris seulement pour se tirer de la contrainte de leurs parents, et se mettre en état de faire tout ce qu'elles voudront.

---

1. *Frais émoulu* : tout juste sorti.
2. *Il vous donnera toujours votre reste* : il aura toujours le dernier mot.
3. *Si j'étais que de vous* : si j'étais vous.

Il y en a d'autres, Madame, qui font du mariage un commerce de pur intérêt, qui ne se marient que pour gagner des douaires[1], que pour s'enrichir par la mort de ceux qu'elles épousent, et courent sans scrupule de mari en mari, pour s'approprier leurs dépouilles. Ces personnes-là, à la vérité, n'y cherchent pas tant de façons, et regardent peu la personne.

BÉLINE. – Je vous trouve aujourd'hui bien raisonnante, et je voudrais bien savoir ce que vous voulez dire par là.

ANGÉLIQUE. – Moi, Madame, que voudrais-je dire que ce que je dis ?

BÉLINE. – Vous êtes si sotte, mamie, qu'on ne saurait plus vous souffrir.

ANGÉLIQUE. – Vous voudriez bien, Madame, m'obliger à vous répondre quelque impertinence ; mais je vous avertis que vous n'aurez pas cet avantage.

BÉLINE. – Il n'est rien d'égal à votre insolence.

ANGÉLIQUE. – Non, Madame, vous avez beau dire.

BÉLINE. – Et vous avez un ridicule orgueil, une impertinente présomption[2] qui fait hausser les épaules à tout le monde.

ANGÉLIQUE. – Tout cela, Madame, ne servira de rien. Je serai sage en dépit de vous[3] ; et pour vous ôter l'espérance de pouvoir réussir dans ce que vous voulez, je vais m'ôter de votre vue.

ARGAN. – Écoute, il n'y a point de milieu à cela : choisis d'épouser dans quatre jours, ou Monsieur, ou un couvent. *(À Béline.)* Ne vous mettez pas en peine, je la rangerai bien[4].

---

1. *Douaires* : dons qu'un mari fait à sa femme, et qu'elle conserve après la mort de celui-ci.
2. *Présomption* : orgueil, arrogance.
3. *En dépit de vous* : malgré vous, malgré vos provocations.
4. *Je la rangerai bien* : je la forcerai bien à obéir.

BÉLINE. – Je suis fâchée de vous quitter, mon fils, mais j'ai une affaire en ville, dont je ne puis me dispenser. Je reviendrai bientôt.

ARGAN. – Allez, mamour, et passez chez votre notaire, afin qu'il expédie ce que vous savez.

BÉLINE. – Adieu, mon petit ami.

ARGAN. – Adieu, mamie. Voilà une femme qui m'aime… cela n'est pas croyable.

MONSIEUR DIAFOIRUS. – Nous allons, Monsieur, prendre congé de vous.

ARGAN. – Je vous prie, Monsieur, de me dire un peu comment je suis.

MONSIEUR DIAFOIRUS *lui tâte le pouls.* – Allons, Thomas, prenez l'autre bras de Monsieur, pour voir si vous saurez porter un bon jugement de son pouls. *Quid dicis*[1] ?

THOMAS DIAFOIRUS. – *Dico*[2] que le pouls de Monsieur est le pouls d'un homme qui ne se porte point bien.

MONSIEUR DIAFOIRUS. – Bon.

THOMAS DIAFOIRUS. – Qu'il est duriuscule[3], pour ne pas dire dur.

MONSIEUR DIAFOIRUS. – Fort bien.

THOMAS DIAFOIRUS. – Repoussant.

MONSIEUR DIAFOIRUS. – *Bene*[4].

THOMAS DIAFOIRUS. – Et même un peu caprisant.

MONSIEUR DIAFOIRUS. – *Optime*.

THOMAS DIAFOIRUS. – Ce qui marque une intempérie dans le *parenchyme splénique*[5], c'est-à-dire la rate.

---

1. *Quid dicis ?* : « que dis-tu ? », en latin.
2. *Dico* : « je dis », en latin.
3. *Duriuscule* : un peu dur. Thomas Diafoirus fait étalage de sa science en accumulant les termes techniques : *repoussant*, « qui bat fort » ; *caprisant*, « irrégulier » ; *intempérie*, « dérèglement ».
4. Diafoirus complimente son fils en latin : *bene*, « bien » ; *optime*, « très bien ».
5. Les termes en italique sont des mots techniques du vocabulaire de la médecine ; ici, l'expression se rapporte à la rate.

MONSIEUR DIAFOIRUS. – Fort bien.

ARGAN. – Non : Monsieur Purgon dit que c'est mon foie qui est malade.

1360 MONSIEUR DIAFOIRUS. – Eh ! oui : qui dit parenchyme, dit l'un et l'autre, à cause de l'étroite sympathie qu'ils ont ensemble, par le moyen du *vas breve du pylore*[1], et souvent des *méats cholidoques*[2]. Il vous ordonne sans doute de manger force[3] rôti ?

ARGAN. – Non, rien que du bouilli.

1365 MONSIEUR DIAFOIRUS. – Eh ! oui : rôti, bouilli, même chose. Il vous ordonne fort prudemment, et vous ne pouvez être en de meilleures mains.

ARGAN. – Monsieur, combien est-ce qu'il faut mettre de grains de sel dans un œuf ?

1370 MONSIEUR DIAFOIRUS. – Six, huit, dix, par les nombres pairs ; comme dans les médicaments, par les nombres impairs.

ARGAN. – Jusqu'au revoir, Monsieur.

Scène 7

BÉLINE, ARGAN

BÉLINE. – Je viens, mon fils, avant que de sortir, vous donner avis d'une chose à laquelle il faut que vous preniez garde. En pas-
1375 sant par-devant la chambre d'Angélique, j'ai vu un jeune homme avec elle, qui s'est sauvé d'abord qu'il[4] m'a vue.

---

1. *Vas breve du pylore* : vaisseau par lequel les aliments passent de l'estomac à l'intestin.
2. *Méats cholidoques* : conduits par lesquels la bile arrive dans le duodénum (intestin grêle).
3. *Force* : beaucoup de.
4. *D'abord qu'il* : aussitôt qu'il.

ARGAN. – Un jeune homme avec ma fille ?

BÉLINE. – Oui. Votre petite fille Louison était avec eux, qui pourra vous en dire des nouvelles.

1380 ARGAN. – Envoyez-la ici, mamour, envoyez-la ici. Ah, l'effrontée ! je ne m'étonne plus de sa résistance.

Scène 8

LOUISON, ARGAN

LOUISON. – Qu'est-ce que vous voulez, mon papa ? Ma belle-maman m'a dit que vous me demandez.

ARGAN. – Oui, venez çà, avancez là. Tournez-vous, levez les yeux,
1385 regardez-moi. Eh !

LOUISON. – Quoi, mon papa ?

ARGAN. – Là.

LOUISON. – Quoi ?

ARGAN. – N'avez-vous rien à me dire ?

1390 LOUISON. – Je vous dirai, si vous voulez, pour vous désennuyer, le conte de *Peau d'âne*, ou bien la fable du *Corbeau et du Renard*, qu'on m'a apprise depuis peu.

ARGAN. – Ce n'est pas là ce que je demande.

LOUISON. – Quoi donc ?

1395 ARGAN. – Ah ! rusée, vous savez bien ce que je veux dire.

LOUISON. – Pardonnez-moi, mon papa.

ARGAN. – Est-ce là comme vous m'obéissez ?

LOUISON. – Quoi ?

ARGAN. – Ne vous ai-je pas recommandé de me venir dire
1400 d'abord tout ce que vous voyez ?

LOUISON. – Oui, mon papa.

ARGAN. – L'avez-vous fait ?

LOUISON. – Oui, mon papa. Je vous suis venue dire tout ce que j'ai vu.
1405 ARGAN. – Et n'avez-vous rien vu aujourd'hui ?
LOUISON. – Non, mon papa.
ARGAN. – Non ?
LOUISON. – Non, mon papa.
ARGAN. – Assurément ?
1410 LOUISON. – Assurément.
ARGAN. – Oh çà ! je m'en vais vous faire voir quelque chose, moi.

Il va prendre une poignée de verges[1].

LOUISON. – Ah ! mon papa.
ARGAN. – Ah, ah ! petite masque[2], vous ne me dites pas que vous avez vu un homme dans la chambre de votre sœur ?
1415 LOUISON. – Mon papa !
ARGAN. – Voici qui vous apprendra à mentir.
LOUISON *se jette à genoux*. – Ah ! mon papa, je vous demande pardon. C'est que ma sœur m'avait dit de ne pas vous le dire ; mais je m'en vais vous dire tout.
1420 ARGAN. – Il faut premièrement que vous ayez le fouet pour avoir menti. Puis après nous verrons au reste.
LOUISON. – Pardon, mon papa !
ARGAN. – Non, non.
LOUISON. – Mon pauvre papa, ne me donnez pas le fouet !
1425 ARGAN. – Vous l'aurez.
LOUISON. – Au nom de Dieu ! mon papa, que je ne l'aie pas.
ARGAN, *la prenant pour la fouetter*. – Allons, allons.
LOUISON. – Ah ! mon papa, vous m'avez blessée. Attendez : je suis morte. *(Elle contrefait*[3] *la morte.)*

---

1. ***Verges*** : baguettes flexibles dont on se servait comme fouet pour punir les enfants.
2. ***Petite masque*** : petite hypocrite.
3. ***Contrefait*** : imite.

1430 ARGAN. – Holà ! Qu'est-ce là ? Louison, Louison. Ah, mon Dieu ! Louison. Ah ! ma fille ! Ah ! malheureux, ma pauvre fille est morte. Qu'ai-je fait, misérable ? Ah ! chiennes de verges. La peste soit des verges ! Ah ! ma pauvre fille, ma pauvre petite Louison.

1435 LOUISON. – Là, là, mon papa, ne pleurez point tant, je ne suis pas morte tout à fait.

ARGAN. – Voyez-vous la petite rusée ? Oh çà, çà ! je vous pardonne pour cette fois-ci, pourvu que vous me disiez bien tout.

LOUISON. – Oh ! oui, mon papa.

1440 ARGAN. – Prenez-y bien garde au moins, car voilà un petit doigt qui sait tout, qui me dira si vous mentez.

LOUISON. – Mais, mon papa, ne dites pas à ma sœur que je vous l'ai dit.

ARGAN. – Non, non.

1445 LOUISON. – C'est, mon papa, qu'il est venu un homme dans la chambre de ma sœur comme j'y étais.

ARGAN. – Hé bien ?

LOUISON. – Je lui ai demandé ce qu'il demandait, et il m'a dit qu'il était son maître à chanter.

1450 ARGAN. – Hon, hon. Voilà l'affaire. Hé bien ?

LOUISON. – Ma sœur est venue après.

ARGAN. – Hé bien ?

LOUISON. – Elle lui a dit : « Sortez, sortez, sortez, mon Dieu ! sortez ; vous me mettez au désespoir. »

1455 ARGAN. – Hé bien ?

LOUISON. – Et lui, il ne voulait pas sortir.

ARGAN. – Qu'est-ce qu'il lui disait ?

Louison. – Il lui disait je ne sais combien de choses.

ARGAN. – Et quoi encore ?

1460 LOUISON. – Il lui disait tout ci, tout ça, qu'il l'aimait bien, et qu'elle était la plus belle du monde.

ARGAN. – Et puis après ?

LOUISON. – Et puis après, il se mettait à genoux devant elle.
ARGAN. – Et puis après ?
1465 LOUISON. – Et puis après, il lui baisait les mains.
ARGAN. – Et puis après ?
LOUISON. – Et puis après, ma belle-maman est venue à la porte, et il s'est enfui.
ARGAN. – Il n'y a point autre chose ?
1470 LOUISON. – Non, mon papa.
ARGAN. – Voilà mon petit doigt pourtant qui gronde[1] quelque chose. *(Il met son doigt à son oreille.)* Attendez. Eh ! ah, ah ! oui ? Oh, oh ! voilà mon petit doigt qui me dit quelque chose que vous avez vu, et que vous ne m'avez pas dit.
1475 LOUISON. – Ah ! mon papa, votre petit doigt est un menteur.
ARGAN. – Prenez garde.
LOUISON. – Non, mon papa, ne le croyez pas, il ment, je vous assure.
ARGAN. – Oh bien, bien ! nous verrons cela. Allez-vous-en, et
1480 prenez bien garde à tout : allez. Ah ! il n'y a plus d'enfants. Ah ! que d'affaires ! je n'ai pas seulement le loisir de songer à ma maladie. En vérité, je n'en puis plus.

Il se remet dans sa chaise.

Scène 9

BÉRALDE, ARGAN

BÉRALDE. – Hé bien ! mon frère, qu'est-ce ? comment vous portez-vous ?
1485 ARGAN. – Ah ! mon frère, fort mal.

---

1. *Gronde* : murmure.

BÉRALDE. – Comment, « fort mal » ?

ARGAN. – Oui, je suis dans une faiblesse si grande que cela n'est pas croyable.

BÉRALDE. – Voilà qui est fâcheux.

ARGAN. – Je n'ai pas seulement la force de pouvoir parler.

BÉRALDE. – J'étais venu ici, mon frère, vous proposer un parti[1] pour ma nièce Angélique.

ARGAN, *parlant avec emportement, et se levant de sa chaise*. – Mon frère, ne me parlez point de cette coquine-là. C'est une friponne, une impertinente, une effrontée, que je mettrai dans un couvent avant qu'il soit deux jours.

BÉRALDE. – Ah ! voilà qui est bien : je suis bien aise que la force vous revienne un peu, et que ma visite vous fasse du bien. Oh ! çà ! nous parlerons d'affaires tantôt. Je vous amène ici un divertissement, que j'ai rencontré, qui dissipera votre chagrin, et vous rendra l'âme mieux disposée aux choses que nous avons à dire. Ce sont des Égyptiens[2], vêtus en Mores[3], qui font des danses mêlées de chansons, où je suis sûr que vous prendrez plaisir ; et cela vaudra bien une ordonnance de Monsieur Purgon. Allons.

---

1. *Un parti* : un mari.
2. *Égyptiens* : bohémiens.
3. *Mores* : peuple du nord de l'Afrique (on écrit aujourd'hui « Maures »).

SECOND INTERMÈDE

Le frère du Malade imaginaire lui amène, pour le divertir, plusieurs Égyptiens et Égyptiennes, vêtus en Mores, qui font des danses entremêlées de chansons.

Première femme more
*Profitez du printemps
De vos beaux ans,
Aimable jeunesse ;
Profitez du printemps
De vos beaux ans,
Donnez-vous à la tendresse.*

*Les plaisirs les plus charmants,
Sans l'amoureuse flamme,
Pour contenter une âme
N'ont point d'attraits assez puissants.*

*Profitez du printemps
De vos beaux ans,
Aimable jeunesse ;
Profitez du printemps
De vos beaux ans,
Donnez-vous à la tendresse.*

*Ne perdez point ces précieux moments :
La beauté passe,*

Le temps l'efface,
1525 *L'âge de glace*
Vient à sa place,
Qui nous ôte le goût de ces doux passe-temps.

Profitez du printemps
De vos beaux ans,
1530 *Aimable jeunesse ;*
Profitez du printemps
De vos beaux ans,
Donnez-vous à la tendresse.

SECONDE FEMME MORE
Quand d'aimer on nous presse
1535 *À quoi songez-vous ?*
Nos cœurs, dans la jeunesse,
N'ont vers la tendresse
Qu'un penchant trop doux ;
L'amour a pour nous prendre
1540 *De si doux attraits*
Que de soi[1], sans attendre,
On voudrait se rendre
À ses premiers traits[2] :
Mais tout ce qu'on écoute
1545 *Des vives douleurs*
Et des pleurs
Qu'il nous coûte
Fait qu'on en redoute
Toutes les douceurs.

---

1. *De soi* : de soi-même.
2. *Traits* : flèches. Allusion au dieu Cupidon, qui fait naître l'amour en perçant les cœurs d'une flèche.

Troisième femme more

1550
Il est doux, à notre âge,
D'aimer tendrement
Un amant
Qui s'engage :
Mais s'il est volage[1],
Hélas ! quel tourment !

Quatrième femme more

L'amant qui se dégage[2]
N'est pas le malheur :
La douleur
Et la rage,
C'est que le volage
Garde notre cœur.

Seconde femme more

Quel parti faut-il prendre
Pour nos jeunes cœurs ?

Quatrième femme more

Devons-nous nous y rendre
Malgré ses rigueurs ?

Ensemble

Oui, suivons ses ardeurs,
Ses transports, ses caprices,
Ses douces langueurs ;
S'il a quelques supplices,
Il a cent délices
Qui charment les cœurs.

---

1. *Volage* : infidèle.
2. *Qui se dégage* : qui rompt une relation amoureuse.

Entrée de ballet

Tous les Mores dansent ensemble et font sauter des singes qu'ils ont amenés avec eux.

ACTE III

Scène première

BÉRALDE, ARGAN, TOINETTE

BÉRALDE. – Hé bien ! mon frère, qu'en dites-vous ? cela ne vaut-il pas bien une prise de casse[1] ?

TOINETTE. – Hon, de bonne casse est bonne[2].

BÉRALDE. – Oh çà ! voulez-vous que nous parlions un peu ensemble ?

ARGAN. – Un peu de patience, mon frère, je vais revenir.

TOINETTE. – Tenez, Monsieur, vous ne songez pas que vous ne sauriez marcher sans bâton.

ARGAN. – Tu as raison.

---

1. *Une prise de casse* : une dose de remède laxatif.
2. *Hon, de bonne casse est bonne* : oui, prendre une dose de casse de bonne qualité est une bonne chose.

Scène 2

BÉRALDE, TOINETTE

TOINETTE. – N'abandonnez pas, s'il vous plaît, les intérêts de votre nièce.

BÉRALDE. – J'emploierai toutes choses pour lui obtenir ce qu'elle souhaite.

1585 TOINETTE. – Il faut absolument empêcher ce mariage extravagant qu'il s'est mis dans la fantaisie, et j'avais songé en moi-même que ç'aurait été une bonne affaire de pouvoir introduire ici un médecin à notre poste[1], pour le dégoûter de son Monsieur Purgon, et lui décrier[2] sa conduite. Mais, comme nous
1590 n'avons personne en main pour cela, j'ai résolu de jouer un tour de ma tête.

BÉRALDE. – Comment ?

TOINETTE. – C'est une imagination burlesque. Cela sera peut-être plus heureux[3] que sage. Laissez-moi faire : agissez de votre
1595 côté. Voici notre homme.

Scène 3

ARGAN, BÉRALDE

BÉRALDE. – Vous voulez bien, mon frère, que je vous demande, avant toute chose, de ne vous point échauffer l'esprit dans notre conversation.

ARGAN. – Voilà qui est fait.

---

1. *À notre poste* : à notre manière.
2. *Décrier* : discréditer, critiquer.
3. *Heureux* : efficace.

BÉRALDE. – De répondre sans nulle aigreur[1] aux choses que je pourrai vous dire.

ARGAN. – Oui.

BÉRALDE. – Et de raisonner ensemble, sur les affaires dont nous avons à parler, avec un esprit détaché de toute passion.

ARGAN. – Mon Dieu! oui. Voilà bien du préambule[2].

BÉRALDE. – D'où vient, mon frère, qu'ayant le bien que vous avez, et n'ayant d'enfants qu'une fille, car je ne compte pas la petite, d'où vient, dis-je, que vous parlez de la mettre dans un couvent?

ARGAN. – D'où vient, mon frère, que je suis maître dans ma famille pour faire ce que bon me semble?

BÉRALDE. – Votre femme ne manque pas de vous conseiller de vous défaire ainsi de vos deux filles, et je ne doute point que, par un esprit de charité, elle ne fût ravie de les voir toutes deux bonnes religieuses.

ARGAN. – Oh çà! nous y voici. Voilà d'abord la pauvre femme en jeu : c'est elle qui fait tout le mal, et tout le monde lui en veut.

BÉRALDE. – Non, mon frère; laissons-la là; c'est une femme qui a les meilleures intentions du monde pour votre famille, et qui est détachée de toute sorte d'intérêt, qui a pour vous une tendresse merveilleuse, et qui montre pour vos enfants une affection et une bonté qui n'est pas concevable : cela est certain. N'en parlons point, et revenons à votre fille. Sur quelle pensée, mon frère, la voulez-vous donner en mariage au fils d'un médecin?

ARGAN. – Sur la pensée, mon frère, de me donner un gendre tel qu'il me faut.

BÉRALDE. – Ce n'est point là, mon frère, le fait de votre fille[3], et il se présente un parti plus sortable[4] pour elle.

---

1. *Sans nulle aigreur* : sans colère ni mots piquants.
2. *Préambule* : avant-propos, discours que l'on tient avant d'en venir au fait.
3. *Le fait de votre fille* : ce qui convient à votre fille.
4. *Sortable* : convenable.

ARGAN. – Oui, mais celui-ci, mon frère, est plus sortable pour moi.

BÉRALDE. – Mais le mari qu'elle doit prendre doit-il être, mon frère, ou pour elle, ou pour vous ?

ARGAN. – Il doit être, mon frère, et pour elle, et pour moi, et je veux mettre dans ma famille les gens dont j'ai besoin.

BÉRALDE. – Par cette raison-là, si votre petite était grande, vous lui donneriez en mariage un apothicaire ?

ARGAN. – Pourquoi non ?

BÉRALDE. – Est-il possible que vous serez toujours embéguiné[1] de vos apothicaires et de vos médecins, et que vous vouliez être malade en dépit des gens et de la nature ?

ARGAN. – Comment l'entendez-vous[2], mon frère ?

BÉRALDE. – J'entends, mon frère, que je ne vois point d'homme qui soit moins malade que vous, et que je ne demanderais point une meilleure constitution[3] que la vôtre. Une grande marque[4] que vous vous portez bien, et que vous avez un corps parfaitement bien composé, c'est qu'avec tous les soins que vous avez pris, vous n'avez pu parvenir encore à gâter la bonté de votre tempérament[5], et que vous n'êtes point crevé de toutes les médecines qu'on vous a fait prendre.

ARGAN. – Mais savez-vous, mon frère, que c'est cela qui me conserve, et que Monsieur Purgon dit que je succomberais[6], s'il était seulement trois jours sans prendre soin de moi ?

BÉRALDE. – Si vous n'y prenez garde, il prendra tant de soin de vous qu'il vous enverra en l'autre monde[7].

---

1. *Embéguiné* : sous l'emprise, sous l'influence de.
2. *Comment l'entendez-vous ?* : que voulez-vous dire par là ?
3. *Constitution* : santé.
4. *Marque* : preuve.
5. *Gâter la bonté de votre tempérament* : vous rendre malade.
6. *Je succomberais* : je mourrais.
7. *L'autre monde* : le monde des morts.

ARGAN. – Mais raisonnons un peu, mon frère. Vous ne croyez donc point à la médecine ?

BÉRALDE. – Non, mon frère, et je ne vois pas que, pour son salut, il soit nécessaire d'y croire.

1660 ARGAN. – Quoi ? vous ne tenez pas véritable une chose établie par tout le monde, et que tous les siècles ont révérée ?

BÉRALDE. – Bien loin de la tenir véritable, je la trouve, entre nous, une des plus grandes folies qui soit parmi les hommes ; et à regarder les choses en philosophe, je ne vois point de plus
1665 plaisante momerie[1], je ne vois rien de plus ridicule qu'un homme qui se veut mêler d'en guérir un autre.

ARGAN. – Pourquoi ne voulez-vous pas, mon frère, qu'un homme en puisse guérir un autre ?

BÉRALDE. – Par la raison, mon frère, que les ressorts de notre
1670 machine[2] sont des mystères, jusques ici, où les hommes ne voient goutte[3], et que la nature nous a mis au-devant des yeux des voiles trop épais pour y connaître quelque chose.

ARGAN. – Les médecins ne savent donc rien, à votre compte ?

BÉRALDE – Si fait, mon frère. Ils savent la plupart de fort belles
1675 humanités[4], savent parler en beau latin, savent nommer en grec toutes les maladies, les définir et les diviser ; mais, pour ce qui est de les guérir, c'est ce qu'ils ne savent point du tout.

ARGAN. – Mais toujours faut-il demeurer d'accord que, sur cette matière, les médecins en savent plus que les autres.

1680 BÉRALDE. – Ils savent, mon frère, ce que je vous ai dit, qui ne guérit pas de grand-chose ; et toute l'excellence de leur art consiste en un pompeux galimatias[5], en un spécieux babil[6],

---

1. Momerie : mascarade.
2. Les ressorts de notre machine : le fonctionnement du corps humain.
3. Ne voient goutte : ne comprennent rien.
4. Humanités : connaissances littéraires.
5. Pompeux galimatias : discours prétentieux... et incompréhensible.
6. Spécieux babil : discours en apparence sophistiqué, mais qui n'est que du bavardage.

qui vous donne des mots pour des raisons, et des promesses pour des effets.

ARGAN. – Mais enfin, mon frère, il y a des gens aussi sages et aussi habiles que vous ; et nous voyons que, dans la maladie, tout le monde a recours aux médecins.

BÉRALDE. – C'est une marque de la faiblesse humaine, et non pas de la vérité de leur art.

ARGAN. – Mais il faut bien que les médecins croient leur art véritable, puisqu'ils s'en servent pour eux-mêmes.

BÉRALDE. – C'est qu'il y en a parmi eux qui sont eux-mêmes dans l'erreur populaire, dont ils profitent, et d'autres qui en profitent sans y être. Votre Monsieur Purgon, par exemple, n'y sait point de finesse[1] : c'est un homme tout médecin, depuis la tête jusqu'aux pieds ; un homme qui croit à ses règles plus qu'à toutes les démonstrations des mathématiques, et qui croirait du crime à les vouloir examiner[2] ; qui ne voit rien d'obscur dans la médecine, rien de douteux, rien de difficile, et qui, avec une impétuosité de prévention[3], une roideur de confiance[4], une brutalité de sens commun et de raison, donne au travers[5] des purgations et des saignées[6], et ne balance aucune chose[7]. Il ne lui faut point vouloir mal de tout ce qu'il pourra vous faire : c'est de la meilleure foi du monde

---

1. *N'y sait point de finesse* : ne cherche pas à tromper.
2. *Qui croirait du crime à les vouloir examiner* : qui trouverait criminel de les remettre en cause.
3. *Impétuosité de prévention* : empressement excessif à vouloir prévenir les maladies.
4. *Roideur de confiance* : confiance inébranlable, inflexible (dans les doctrines de la médecine).
5. *Au travers* : à tort et à travers, en toutes occasions.
6. *Saignées* : actions qui consistent à faire s'écouler le sang du patient en ouvrant légèrement ses veines.
7. *Ne balance aucune chose* : ne met rien en doute.

1705   qu'il vous expédiera[1], et il ne fera, en vous tuant, que ce qu'il a fait à sa femme et à ses enfants, et ce qu'en un besoin il ferait à lui-même.

ARGAN. – C'est que vous avez, mon frère, une dent de lait contre lui[2]. Mais enfin venons au fait. Que faire donc quand on est malade ?

BÉRALDE – Rien, mon frère.

ARGAN. – Rien ?

BÉRALDE – Rien. Il ne faut que demeurer en repos. La nature, d'elle-même, quand nous la laissons faire, se tire doucement du désordre où elle est tombée. C'est notre inquiétude, c'est notre impatience qui gâte tout, et presque tous les hommes meurent de leurs remèdes, et non pas de leurs maladies.

ARGAN. – Mais il faut demeurer d'accord, mon frère, qu'on peut aider cette nature par de certaines choses.

BÉRALDE. – Mon Dieu ! mon frère, ce sont pures idées, dont nous aimons à nous repaître ; et, de tout temps, il s'est glissé parmi les hommes de belles imaginations, que nous venons à croire, parce qu'elles nous flattent et qu'il serait à souhaiter qu'elles fussent véritables. Lorsqu'un médecin vous parle d'aider, de secourir, de soulager la nature, de lui ôter ce qui lui nuit et lui donner ce qui lui manque, de la rétablir et de la remettre dans une pleine facilité de ses fonctions ; lorsqu'il vous parle de rectifier le sang, de tempérer les entrailles et le cerveau, de dégonfler la rate, de raccommoder la poitrine, de réparer le foie, de fortifier le cœur, de rétablir et conserver la chaleur naturelle, et d'avoir des secrets pour étendre la vie à de longues années : il vous dit justement le roman[3] de la médecine. Mais quand vous en venez à la vérité et à l'expérience,

---

1. *Expédiera* : tuera rapidement.
2. *Vous avez une dent de lait contre lui* : vous lui en voulez depuis longtemps.
3. *Roman* : mensonge.

Acte III, scène 3 | 125

vous ne trouvez rien de tout cela, et il en est comme de ces beaux songes[1] qui ne vous laissent au réveil que le déplaisir de les avoir crus.

ARGAN. – C'est-à-dire que toute la science du monde est renfermée dans votre tête, et vous voulez en savoir plus que tous les grands médecins de notre siècle.

BÉRALDE. – Dans les discours et dans les choses, ce sont deux sortes de personnes que vos grands médecins. Entendez-les parler : les plus habiles gens du monde ; voyez-les faire : les plus ignorants de tous les hommes.

ARGAN. – Hoy ! Vous êtes un grand docteur, à ce que je vois, et je voudrais bien qu'il y eût ici quelqu'un de ces Messieurs pour rembarrer vos raisonnements et rabaisser votre caquet[2].

BÉRALDE. – Moi, mon frère, je ne prends point à tâche de combattre la médecine ; et chacun, à ses périls et fortune, peut croire tout ce qu'il lui plaît. Ce que j'en dis n'est qu'entre nous, et j'aurais souhaité de pouvoir un peu vous tirer de l'erreur où vous êtes, et, pour vous divertir, vous mener voir sur ce chapitre[3] quelqu'une des comédies de Molière.

ARGAN. – C'est un bon impertinent que votre Molière avec ses comédies, et je le trouve bien plaisant[4] d'aller jouer[5] d'honnêtes gens comme les médecins.

BÉRALDE. – Ce ne sont point les médecins qu'il joue, mais le ridicule de la médecine.

ARGAN. – C'est bien à lui à faire de se mêler de contrôler la médecine ; voilà un bon nigaud, un bon impertinent, de se moquer des consultations et des ordonnances, de s'attaquer au corps

---

1. **Songes** : rêves.
2. **Rabaisser votre caquet** : réprimer votre insolence.
3. **Sur ce chapitre** : sur ce thème.
4. **Plaisant** : qui fait rire malgré lui (emploi ironique).
5. **Jouer** : ici, se moquer.

des médecins, et d'aller mettre sur son théâtre des personnes vénérables comme ces messieurs-là.

BÉRALDE. – Que voulez-vous qu'il y mette que[1] les diverses professions des hommes ? On y met bien tous les jours les princes et les rois, qui sont d'aussi bonne maison que[2] les médecins.

ARGAN. – Par la mort non de diable ! si j'étais que des médecins[3], je me vengerais de son impertinence ; et quand il sera malade, je le laisserais mourir sans secours. Il aurait beau faire et beau dire, je ne lui ordonnerais pas la moindre petite saignée, le moindre petit lavement, et je lui dirais : « Crève, crève ! cela t'apprendra une autre fois à te jouer à[4] la Faculté. »

BÉRALDE. – Vous voilà bien en colère contre lui.

ARGAN. – Oui, c'est un malavisé[5], et si les médecins sont sages, ils feront ce que je dis.

BÉRALDE. – Il sera encore plus sage que vos médecins, car il ne leur demandera point de secours.

ARGAN. – Tant pis pour lui s'il n'a point recours aux remèdes.

BÉRALDE. – Il a ses raisons pour n'en point vouloir, et il soutient que cela n'est permis qu'aux gens vigoureux et robustes, et qui ont des forces de reste pour porter[6] les remèdes avec la maladie ; mais que, pour lui, il n'a justement de la force que pour porter son mal.

ARGAN. – Les sottes raisons que voilà ! Tenez, mon frère, ne parlons point de cet homme-là davantage, car cela m'échauffe la bile, et vous me donneriez mon mal.

---

1. *Qu'il y mette que* : qu'il y mette d'autre que.
2. *D'aussi bonne maison que* : aussi distingués (sous-entendu : si ce n'est plus) que.
3. *Si j'étais que des médecins* : si j'étais à la place des médecins.
4. *Te jouer à* : t'attaquer à.
5. *Un malavisé* : quelqu'un qui agit au mauvais moment ou sans réfléchir.
6. *Porter* : endurer.

BÉRALDE. – Je le veux bien, mon frère ; et, pour changer de discours, je vous dirai que, sur une petite répugnance[1] que vous témoigne votre fille, vous ne devez point prendre les résolutions violentes de la mettre dans un couvent ; que, pour le choix d'un gendre, il ne vous faut pas suivre aveuglément la passion qui vous emporte, et qu'on doit, sur cette matière, s'accommoder un peu à l'inclination d'une fille, puisque c'est pour toute la vie, et que de là dépend tout le bonheur d'un mariage.

Scène 4

MONSIEUR FLEURANT, *une seringue à la main* ;
ARGAN, BÉRALDE

ARGAN. – Ah ! mon frère, avec votre permission.
BÉRALDE. – Comment ? que voulez-vous faire ?
ARGAN. – Prendre ce petit lavement-là ; ce sera bientôt fait.
BÉRALDE. – Vous vous moquez. Est-ce que vous ne sauriez être un moment sans lavement ou sans médecine ? Remettez cela à une autre fois, et demeurez un peu en repos.
ARGAN. – Monsieur Fleurant, à ce soir, ou à demain au matin.
MONSIEUR FLEURANT, *à Béralde*. – De quoi vous mêlez-vous de vous opposer aux ordonnances de la médecine, et d'empêcher Monsieur de prendre mon clystère ? Vous êtes bien plaisant d'avoir cette hardiesse-là !
BÉRALDE. – Allez, Monsieur, on voit bien que vous n'avez pas accoutumé de parler à des visages[2].

---

1. *Répugnance* : résistance.
2. *Vous n'avez pas accoutumé de parler à des visages* : vous n'êtes pas habitué à parler aux gens en face. Béralde sous-entend que M. Fleurant passe plus de temps à voir le derrière de ses patients que leur tête.

MONSIEUR FLEURANT. – On ne doit point ainsi se jouer des remèdes, et me faire perdre mon temps. Je ne suis venu ici que sur une bonne ordonnance, et je vais dire à Monsieur Purgon comme[1] on m'a empêché d'exécuter ses ordres et de faire ma fonction. Vous verrez, vous verrez...

ARGAN. – Mon frère, vous serez cause ici de quelque malheur.

BÉRALDE. – Le grand malheur de ne pas prendre un lavement que Monsieur Purgon a ordonné. Encore un coup[2], mon frère, est-il possible qu'il n'y ait pas moyen de vous guérir de la maladie des médecins, et que vous vouliez être, toute votre vie, enseveli dans leurs remèdes ?

ARGAN. – Mon Dieu ! mon frère, vous en parlez comme un homme qui se porte bien ; mais, si vous étiez à ma place, vous changeriez bien de langage. Il est aisé de parler contre la médecine quand on est en pleine santé.

BÉRALDE. – Mais quel mal avez-vous ?

ARGAN. – Vous me feriez enrager. Je voudrais que vous l'eussiez mon mal, pour voir si vous jaseriez tant. Ah ! voici Monsieur Purgon.

Scène 5

MONSIEUR PURGON, ARGAN, BÉRALDE, TOINETTE

MONSIEUR PURGON. – Je viens d'apprendre là-bas, à la porte, de jolies nouvelles : qu'on se moque ici de mes ordonnances, et qu'on a fait refus de prendre le remède que j'avais prescrit.

ARGAN. – Monsieur, ce n'est pas...

---

1. *Comme* : comment, de quelle manière.
2. *Encore un coup* : encore une fois.

MONSIEUR PURGON. – Voilà une hardiesse bien grande, une étrange rébellion d'un malade contre son médecin.

TOINETTE. – Cela est épouvantable.

1835 MONSIEUR PURGON. – Un clystère que j'avais pris plaisir à composer moi-même.

ARGAN. – Ce n'est pas moi...

MONSIEUR PURGON. – Inventé et formé dans toutes les règles de l'art.

1840 TOINETTE. – Il a tort.

MONSIEUR PURGON. – Et qui devait faire dans des entrailles un effet merveilleux...

ARGAN. – Mon frère ?

MONSIEUR PURGON. – Le renvoyer avec mépris !

1845 ARGAN. – C'est lui...

MONSIEUR PURGON. – C'est une action exorbitante[1].

TOINETTE. – Cela est vrai.

MONSIEUR PURGON. – Un attentat énorme contre la médecine.

ARGAN. – Il est cause...

1850 MONSIEUR PURGON. – Un crime de lèse-Faculté, qui ne se peut assez punir.

TOINETTE. – Vous avez raison.

MONSIEUR PURGON. – Je vous déclare que je romps commerce[2] avec vous.

1855 ARGAN. – C'est mon frère...

MONSIEUR PURGON. – Que je ne veux plus d'alliance avec vous[3].

---

1. M. Purgon utilise dans cette réplique et les suivantes le vocabulaire de la justice : ***exorbitant*** signifie « ce qui est contraire au droit » (d'où, ici, ce qui est excessif) ; un ***attentat*** est une action qui va à l'encontre des lois, et un ***crime de lèse-Faculté*** une action qui porte atteinte à la grandeur de la faculté de médecine (formule calquée sur l'expression « crime de lèse-majesté »).
2. ***Je romps commerce*** : je ne veux plus être en relation.
3. ***Je ne veux plus d'alliance avec vous*** : je m'oppose au mariage qui aurait pu lier nos familles.

TOINETTE. – Vous ferez bien.

MONSIEUR PURGON. – Et que, pour finir toute liaison avec vous, voilà la donation que je faisais à mon neveu, en faveur du mariage.

ARGAN. – C'est mon frère qui a fait tout le mal.

MONSIEUR PURGON. – Mépriser mon clystère !

ARGAN. – Faites-le venir, je m'en vais le prendre.

MONSIEUR PURGON. – Je vous aurais tiré d'affaire avant qu'il fût peu.

TOINETTE. – Il ne le mérite pas.

MONSIEUR PURGON. – J'allais nettoyer votre corps et en évacuer entièrement les mauvaises humeurs.

ARGAN. – Ah, mon frère !

MONSIEUR PURGON. – Et je ne voulais plus qu'une douzaine de médecines, pour vider le fond du sac[1].

TOINETTE. – Il est indigne de vos soins.

MONSIEUR PURGON. – Mais puisque vous n'avez pas voulu guérir par mes mains.

ARGAN. – Ce n'est pas ma faute.

MONSIEUR PURGON. – Puisque vous vous êtes soustrait de l'obéissance que l'on doit à son médecin.

TOINETTE. – Cela crie vengeance.

MONSIEUR PURGON. – Puisque vous vous êtes déclaré rebelle aux remèdes que je vous ordonnais...

ARGAN. – Hé ! point du tout.

MONSIEUR PURGON. – J'ai à vous dire que je vous abandonne à votre mauvaise constitution, à l'intempérie de vos entrailles, à la corruption de votre sang, à l'âcreté[2] de votre bile et à la féculence[3] de vos humeurs.

---

1. *Vider le fond du sac* : nettoyer définitivement l'intestin.
2. *Âcreté* : qualité de ce qui est âcre ; le mot est ici employé au sens figuré : corrompu, malade.
3. *Féculence* : impureté.

TOINETTE. – C'est fort bien fait.
ARGAN. – Mon Dieu !
MONSIEUR PURGON. – Et je veux qu'avant qu'il soit quatre jours vous deveniez dans un état incurable[1].
1890 ARGAN. – Ah ! miséricorde !
MONSIEUR PURGON. – Que vous tombiez dans la bradypepsie[2].
ARGAN. – Monsieur Purgon !
MONSIEUR PURGON. – De la bradypepsie dans la dyspepsie.
ARGAN. – Monsieur Purgon !
1895 MONSIEUR PURGON. – De la dyspepsie dans l'apepsie.
ARGAN. – Monsieur Purgon !
MONSIEUR PURGON. – De l'apepsie dans la lienterie[3]…
ARGAN. – Monsieur Purgon !
MONSIEUR PURGON. – De la lienterie dans la dysenterie…
1900 ARGAN. – Monsieur Purgon !
MONSIEUR PURGON. – De la dysenterie dans l'hydropisie[4]…
ARGAN. – Monsieur Purgon !
MONSIEUR PURGON. – Et de l'hydropisie dans la privation de la vie, où vous aura conduit votre folie.

Scène 6

ARGAN, BÉRALDE

1905 ARGAN. – Ah, mon Dieu ! je suis mort. Mon frère, vous m'avez perdu.

---

1. *Incurable* : inguérissable.
2. *Bradypepsie*, *dyspepsie* et *apepsie* sont des termes qui se rapportent à la digestion. Le premier désigne une digestion lente, le deuxième une digestion difficile et le troisième une absence de digestion.
3. La *lienterie* et la *dysenterie* définissent la diarrhée.
4. *Hydropisie* : ici, quantité d'eau anormale dans les intestins.

La représentation des médecins au XVIIe siècle

Comment sont représentés les médecins au XVIIe siècle ? À l'époque, ils sont souvent mis en scène dans des farces comme sur des gravures comiques. Leurs pratiques, notamment celles fondées sur l'observation des urines et des selles des malades, font l'objet de moqueries. C'est le cas dans les gravures d'Abraham Bosse et de Jacques Lagniet. Molière reprend cette tradition comique dans plusieurs de ses pièces, dont *L'Amour médecin*, une de ses premières comédies-ballets, dans laquelle il caricature les quatre médecins du roi.

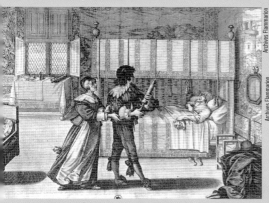

▲ Abraham Bosse, *Le Clystère* (ancien nom du lavement), vers 1632-1633.

▼ Jacques Lagniet, *Le Médecin merdifique*, 1663.

▲ Frontispice de l'édition de 1682 de *L'Amour médecin*, par P. Brissart (gravure de J. Sauvé).

Mettre en scène *Le Malade imaginaire* au XXIe siècle

Comment représenter aujourd'hui les médecins de Molière ? En fonction de leurs goûts et du sens qu'ils souhaitent donner à telle ou telle pièce de l'auteur, les metteurs en scène ont le choix. Ils peuvent rester fidèles aux habits que les médecins arboraient au XVIIe siècle, moderniser ces derniers pour souligner l'actualité de la satire, ou encore opter pour des tenues exubérantes destinées à renforcer le caractère burlesque de leurs personnages. Une chose est sûre : le choix du costume ne doit rien au hasard.

◀ Argan à sa table, dans la mise en scène de Gildas Bourdet au théâtre de l'Ouest parisien en 2003. Le personnage d'Argan est présenté de manière comique grâce aux décors notamment. Le mobilier volontairement anachronique évoque davantage des meubles pour enfants qu'un intérieur bourgeois du XVIIe siècle.

▶ Le médecin tient un clystère, dans la mise en scène de Christophe Barbier à l'école Fénelon Sainte-Marie en 2013. Les objets participent au comique de la scène, y compris dans ses aspects les plus farcesques. Emblème de la médecine de l'époque, le clystère, servant à administrer les lavements, connote le bas corporel, tandis que les lunettes du personnage soulignent exagérément son identité de savant.

▲ Argan entouré de médecins, dans la mise en scène de Claude Stratz
(créée en 2001 pour la Comédie-Française) au théâtre Gérard Philipe en 2019.
Cette mise en scène insiste sur l'aspect inquiétant de la comédie. Dans cette scène à l'atmosphère sombre et crépusculaire située à la fin de la pièce, Argan est entouré de médecins. La manière dont le président tient Argan par l'épaule traduit son autorité et son emprise sur ce dernier ; la gestuelle des médecins en cercle autour d'eux reproduit cette soumission.

▲ Représentation de l'opéra (acte II, scène 5), dans la même mise en scène.
La déclaration d'amour entre Angélique et Cléante se fait devant un public : c'est ce que montre cette photographie de la mise en scène de Claude Stratz. On reconnaît chacun des personnages à sa place sur scène et à son costume : les deux pères côte à côte, Thomas Diafoirus proche d'Angélique et de Cléante, Toinette à l'arrière-plan. Le décor suggère à la fois la richesse d'Argan et une forme de laisser-aller tant il est obsédé par sa santé.

▲ Les Diafoirus, dans la mise en scène de Georges Werler au théâtre de la Porte Saint-Martin en 2008. L'identité des personnages est indiquée par les costumes : au rouge de la robe d'Angélique répond le rouge du bonnet et de la couverture de son père. Les Diafoirus père et fils, habillés en médecins, se signalent par le port d'objets anachroniques : le stéthoscope, les charlottes, les gants et les surchaussures de chirurgien complètent une robe qui correspond sans doute à un imaginaire de la médecine plus ancien. Comme pour d'autres professions de l'Ancien Régime, la robe masculine manifeste l'appartenance à un métier respecté (magistrat, prêtre, etc.).

De l'autre côté du rideau

▲ Les coulisses du *Malade imaginaire*, lors de la mise en scène de Claude Stratz à la Comédie-Française en 2003.
Les professionnels du théâtre sont nombreux à ne pas être visibles sur scène : costumiers, décorateurs, éclairagistes et techniciens divers sont nécessaires pour créer un spectacle complet… à plus forte raison lorsqu'il s'agit d'une comédie-ballet, avec danse, musique et changements de décors.

▲ Le salut de la troupe, dans la même mise en scène.
Historiquement, la troupe d'acteurs est un élément important dans le théâtre de Molière, lui-même comédien. Parfois, les pensionnaires de la troupe de la Comédie-Française changent de rôle lorsqu'ils interprètent la même pièce à plusieurs années d'intervalle : ainsi, Julie Sicard, qui jouait Angélique en 2001, joue Toinette en 2011.

La comédie-ballet, un art de cour

Le Malade imaginaire n'est pas une simple comédie : c'est une comédie-ballet, c'est-à-dire un spectacle qui doit être grandiose et participer ainsi de l'art de cour, visant à célébrer la puissance et la générosité de Louis XIV.

▶ *Louis XIV en Apollon* (costume de ballet).
Louis XIV, amateur de musique et de danse, n'hésite pas à se mettre lui-même en scène dans des ballets aux costumes somptueux.

▼ Ingres, *Louis XIV et Molière déjeunant à Versailles*, 1857.
Au XIXe siècle, le peintre néoclassique imagine la scène de la rencontre de Louis XIV et de Molière. Il représente dans ce tableau les liens privilégiés qui unissent le dramaturge au souverain, parrain de son fils.

Divertissements de Versailles (1674)

En 1674, un an après la mort de Molière, la pièce du *Malade imaginaire* est intégrée à une fête de plusieurs jours qui célèbre la victoire du souverain en Franche-Comté. Outre le récit détaillé qu'en fait André Félibien, les gravures de Le Pautre (1676), qui représentent un épisode majeur de chacune des six journées de festivités, nous permettent de reconstituer ce que fut ce « Divertissement », apogée de l'art de cour.

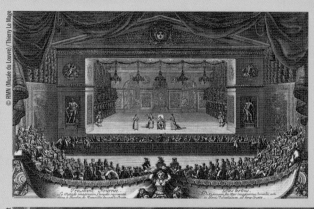

◀ La représentation du *Malade imaginaire*, « clou » de la troisième journée.

▲ Les repas et collations occupent une place de choix dans les festivités. Ici, se trouve représenté le grand souper de a quatrième journée.

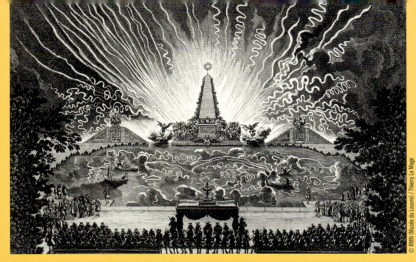

▲ Cinquième journée. Les feux d'artifice et les spectacles pyrotechniques sont, comme les comédies-ballets, destinés à éblouir les invités du souverain.

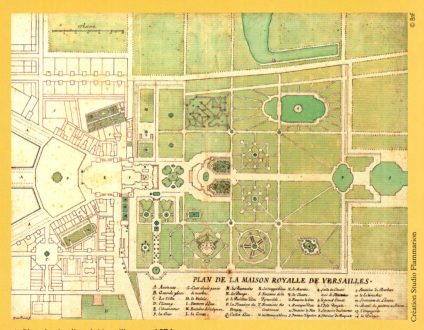

▲ Plan des jardins de Versailles, vers 1674.

BÉRALDE. – Quoi ? qu'y a-t-il ?

ARGAN. – Je n'en puis plus. Je sens déjà que la médecine se venge.

BÉRALDE. – Ma foi ! mon frère, vous êtes fou, et je ne voudrais pas, pour beaucoup de choses, qu'on vous vît faire ce que vous faites. Tâtez-vous un peu[1], je vous prie, revenez à vous-même, et ne donnez point tant à votre imagination.

ARGAN. – Vous voyez, mon frère, les étranges maladies dont il m'a menacé.

BÉRALDE. – Le simple[2] homme que vous êtes !

ARGAN. – Il dit que je deviendrai incurable avant qu'il soit quatre jours.

BÉRALDE. – Et ce qu'il dit, que fait-il à la chose[3] ? Est-ce un oracle[4] qui a parlé ? Il me semble, à vous entendre, que Monsieur Purgon tienne dans ses mains le filet de vos jours[5], et que, d'autorité suprême, il vous l'allonge et vous le raccourcisse comme il lui plaît. Songez que les principes de votre vie sont en vous-même, et que le courroux[6] de Monsieur Purgon est aussi peu capable de vous faire mourir que ses remèdes de vous faire vivre. Voici une aventure, si vous voulez, à vous défaire des médecins, ou, si vous êtes né à ne pouvoir vous en passer, il est aisé d'en avoir un autre, avec lequel, mon frère, vous puissiez courir un peu moins de risque.

ARGAN. – Ah ! mon frère, il sait tout mon tempérament et la manière dont il faut me gouverner.

---

1. *Tâtez-vous un peu* : reprenez vos esprits, interrogez-vous.
2. *Simple* : naïf.
3. *Et ce qu'il dit, que fait-il à la chose* : et ses paroles agissent-elles sur votre santé ?
4. *Oracle* : interprète de la volonté divine.
5. *Le filet de vos jours* : les jours qu'il vous reste à vivre. Dans l'Antiquité, on pensait que les Parques (divinités du destin) filaient puis coupaient le fil de la vie humaine.
6. *Le courroux* : la colère.

BÉRALDE. – Il faut vous avouer que vous êtes un homme d'une grande prévention[1], et que vous voyez les choses avec d'étranges yeux.

Scène 7

TOINETTE, ARGAN, BÉRALDE

TOINETTE. – Monsieur, voilà un médecin qui demande à vous voir.

ARGAN. – Et quel médecin ?

TOINETTE. – Un médecin de la médecine.

ARGAN. – Je te demande qui il est ?

TOINETTE. – Je ne le connais pas ; mais il me ressemble comme deux gouttes d'eau, et si je n'étais sûre que ma mère était honnête femme, je dirais que ce serait quelque petit frère qu'elle m'aurait donné depuis le trépas[2] de mon père.

ARGAN. – Fais-le venir.

BÉRALDE. – Vous êtes servi à souhait : un médecin vous quitte, un autre se présente.

ARGAN. – J'ai bien peur que vous ne soyez cause de quelque malheur.

BÉRALDE. – Encore ! vous en revenez toujours là ?

ARGAN. – Voyez-vous ? j'ai sur le cœur toutes ces maladies-là que je ne connais point, ces…

---

1. *D'une grande prévention* : qui a beaucoup de préjugés.
2. *Le trépas* : la mort.

Scène 8

TOINETTE, *en médecin* ; ARGAN, BÉRALDE

TOINETTE. – Monsieur, agréez[1] que je vienne vous rendre visite et vous offrir mes petits services pour toutes les saignées et les purgations dont vous aurez besoin.

ARGAN. – Monsieur, je vous suis fort obligé[2]. Par ma foi ! voilà Toinette elle-même.

TOINETTE. – Monsieur, je vous prie de m'excuser, j'ai oublié de donner une commission à mon valet ; je reviens tout à l'heure[3].

ARGAN. – Eh ! ne diriez-vous pas que c'est effectivement Toinette ?

BÉRALDE. – Il est vrai que la ressemblance est tout à fait grande. Mais ce n'est pas la première fois qu'on a vu de ces sortes de choses, et les histoires ne sont pleines que de ces jeux de la nature.

ARGAN. – Pour moi, j'en suis surpris, et...

Scène 9

TOINETTE, ARGAN, BÉRALDE

TOINETTE *quitte son habit de médecin si promptement qu'il est difficile de croire que ce soit elle qui a paru en médecin.* – Que voulez-vous, Monsieur ?

ARGAN. – Comment ?

---

1. *Agréez* : trouvez bon (formule de politesse).
2. *Je vous suis fort obligé* : je vous remercie beaucoup (formule de politesse).
3. *Tout à l'heure* : sur-le-champ, tout de suite.

1970 TOINETTE. – Ne m'avez-vous pas appelée ?

ARGAN. – Moi ? non.

TOINETTE. – Il faut donc que les oreilles m'aient corné[1].

ARGAN. – Demeure un peu ici pour voir comme ce médecin te ressemble.

1975 TOINETTE, *en sortant*. – Oui, vraiment, j'ai affaire là-bas, et je l'ai assez vu.

ARGAN. – Si je ne les voyais tous deux, je croirais que ce n'est qu'un.

BÉRALDE. – J'ai lu des choses surprenantes de[2] ces sortes de res-
1980 semblances, et nous en avons vu de notre temps où tout le monde s'est trompé.

ARGAN. – Pour moi, j'aurais été trompé à celle-là, et j'aurais juré que c'est la même personne.

Scène 10

TOINETTE, *en médecin* ; ARGAN, BÉRALDE

TOINETTE. – Monsieur, je vous demande pardon de tout mon
1985 cœur.

ARGAN. – Cela est admirable[3] !

TOINETTE. – Vous ne trouverez pas mauvais, s'il vous plaît, la curiosité que j'ai eue de voir un illustre malade comme vous êtes ; et votre réputation, qui s'étend partout, peut excuser la
1990 liberté que j'ai prise.

ARGAN. – Monsieur, je suis votre serviteur[4].

---

1. ***Les oreilles m'aient corné*** : mes oreilles aient sifflé.
2. ***De*** : à propos de.
3. ***Admirable*** : étonnant, stupéfiant.
4. ***Je suis votre serviteur*** : je vous remercie (formule de politesse).

TOINETTE. – Je vois, Monsieur, que vous me regardez fixement. Quel âge croyez-vous bien que j'aie ?
ARGAN. – Je crois que tout au plus vous pouvez avoir vingt-six ou vingt-sept ans.
TOINETTE. – Ah ! ah ! ah ! ah ! ah ! j'en ai quatre-vingt-dix.
ARGAN. – Quatre-vingt-dix ?
TOINETTE. – Oui. Vous voyez un effet des secrets de mon art, de me conserver ainsi frais et vigoureux.
ARGAN. – Par ma foi ! voilà un beau jeune vieillard pour quatre-vingt-dix ans.
TOINETTE. – Je suis médecin passager[1], qui vais de ville en ville, de province en province, de royaume en royaume, pour chercher d'illustres matières à ma capacité[2], pour trouver des malades dignes de m'occuper, capables d'exercer les grands et beaux secrets que j'ai trouvés dans la médecine. Je dédaigne de m'amuser à ce menu fatras[3] de maladies ordinaires, à ces bagatelles de rhumatismes et défluxions[4], à ces fiévrottes[5], à ces vapeurs[6], et à ces migraines. Je veux des maladies d'importance : de bonnes fièvres continues avec des transports au cerveau[7], de bonnes fièvres pourprées[8], de bonnes pestes, de bonnes hydropisies formées, de bonnes pleurésies[9], avec des inflammations de poitrine : c'est là que

---

1. Passager : ambulant.
2. D'illustres matières à ma capacité : des patients dont la maladie soit digne de mon talent.
3. Fatras : tas, amoncellement confus.
4. Défluxions : trop grandes quantités de liquide dans le corps.
5. Fiévrottes : petites fièvres.
6. Vapeurs : selon la médecine du XVIIe siècle, fumées qui s'élèvent du ventre vers le cerveau, troublant ainsi l'esprit du malade.
7. Transports au cerveau : délires.
8. Fièvres pourprées : fièvres qui s'accompagnent de boutons ou de taches rouges sur la peau.
9. Pleurésies : inflammations des poumons.

Acte III, scène 10 | 137

je me plais, c'est là que je triomphe ; et je voudrais, Monsieur, que vous eussiez toutes les maladies que je viens de dire, que vous fussiez abandonné de tous les médecins, désespéré, à l'agonie, pour vous montrer l'excellence de mes remèdes, et l'envie que j'aurais de vous rendre service.

ARGAN. – Je vous suis obligé, Monsieur, des bontés que vous avez pour moi.

TOINETTE. – Donnez-moi votre pouls. Allons donc, que l'on batte comme il faut. Ahy, je vous ferai bien aller comme vous devez. Hoy, ce pouls-là fait l'impertinent : je vois bien que vous ne me connaissez pas encore. Qui est votre médecin ?

ARGAN. – Monsieur Purgon.

TOINETTE. – Cet homme-là n'est point écrit sur mes tablettes entre les grands médecins. De quoi dit-il que vous êtes malade ?

ARGAN. – Il dit que c'est du foie, et d'autres disent que c'est de la rate.

TOINETTE. – Ce sont tous des ignorants : c'est du poumon que vous êtes malade.

ARGAN. – Du poumon ?

TOINETTE. – Oui. Que sentez-vous ?

ARGAN. – Je sens de temps en temps des douleurs de tête.

TOINETTE. – Justement, le poumon.

ARGAN. – Il me semble parfois que j'ai un voile devant les yeux.

TOINETTE. – Le poumon.

ARGAN. – J'ai quelquefois des maux de cœur.

TOINETTE. – Le poumon.

ARGAN. – Je sens parfois des lassitudes par tous les membres.

TOINETTE. – Le poumon.

ARGAN. – Et quelquefois il me prend des douleurs dans le ventre, comme si c'était des coliques.

TOINETTE. – Le poumon. Vous avez appétit à ce que vous mangez ?

ARGAN. – Oui, Monsieur.

TOINETTE. – Le poumon. Vous aimez à boire un peu de vin ?

ARGAN. – Oui, Monsieur.

TOINETTE. – Le poumon. Il vous prend un petit sommeil après le repas et vous êtes bien aise de dormir ?

ARGAN. – Oui, Monsieur.

TOINETTE. – Le poumon, le poumon, vous dis-je. Que vous ordonne votre médecin pour votre nourriture ?

ARGAN. – Il m'ordonne du potage.

TOINETTE. – Ignorant.

ARGAN. – De la volaille.

TOINETTE. – Ignorant.

ARGAN. – Du veau.

TOINETTE. – Ignorant.

ARGAN. – Des bouillons.

TOINETTE. – Ignorant.

ARGAN. – Des œufs frais.

TOINETTE. – Ignorant.

ARGAN. – Et le soir de petits pruneaux pour lâcher le ventre.

TOINETTE. – Ignorant.

ARGAN. – Et surtout de boire mon vin fort trempé[1].

TOINETTE. – *Ignorantus, ignoranta, ignorantum*[2]. Il faut boire votre vin pur ; et pour épaissir votre sang qui est trop subtil[3], il faut manger de bon gros bœuf, de bon gros porc, de bon fromage de Hollande, du gruau[4] et du riz, et des marrons et des oublies[5], pour coller et conglutiner[6]. Votre médecin est une

---

1. *Trempé* : dilué avec de l'eau.
2. *Ignorantus, ignoranta, ignorantum* : ignorant (latin parodique formé à partir de l'adjectif « ignorant » et décliné selon les genres masculin, féminin et neutre).
3. *Subtil* : léger, fluide.
4. *Gruau* : bouillie de farine d'avoine.
5. *Oublies* : pâtisseries.
6. *Conglutiner* : rendre plus épais, visqueux et collant.

bête. Je veux vous en envoyer un de ma main, et je viendrai
vous voir de temps en temps, tandis que je serai en cette ville.
2075 ARGAN. – Vous m'obligez beaucoup[1].
TOINETTE. – Que diantre faites-vous de ce bras-là ?
ARGAN. – Comment ?
TOINETTE. – Voilà un bras que je me ferais couper tout à l'heure[2],
si j'étais que de vous.
2080 ARGAN. – Et pourquoi ?
TOINETTE. – Ne voyez-vous pas qu'il tire à soi toute la nourriture,
et qu'il empêche ce côté-là de profiter ?
ARGAN. – Oui ; mais j'ai besoin de mon bras.
TOINETTE. – Vous avez là aussi un œil droit que je me ferais
2085 crever, si j'étais en votre place.
ARGAN. – Crever un œil ?
TOINETTE. – Ne voyez-vous pas qu'il incommode l'autre, et lui
dérobe sa nourriture ? Croyez-moi, faites-vous-le crever au
plus tôt, vous en verrez plus clair de l'œil gauche.
2090 ARGAN. – Cela n'est pas pressé.
TOINETTE. – Adieu. Je suis fâché de vous quitter si tôt ; mais il faut
que je me trouve à une grande consultation qui se doit faire
pour un homme qui mourut hier.
ARGAN. – Pour un homme qui mourut hier ?
2095 Toinette. – Oui, pour aviser, et voir ce qu'il aurait fallu lui faire
pour le guérir. Jusqu'au revoir.
ARGAN. – Vous savez que les malades ne reconduisent point[3].
BÉRALDE. – Voilà un médecin vraiment qui paraît fort habile.
ARGAN. – Oui, mais il va un peu bien vite.
2100 BÉRALDE. – Tous les grands médecins sont comme cela.

---

1. *Vous m'obligez beaucoup* : je vous suis très reconnaissant (formule de politesse).
2. *Tout à l'heure* : sur-le-champ, tout de suite.
3. *Ne reconduisent point* : ne raccompagnent pas leurs hôtes jusqu'à la porte.

ARGAN. – Me couper un bras, et me crever un œil, afin que l'autre se porte mieux ? J'aime bien mieux qu'il ne se porte pas si bien. La belle opération, de me rendre borgne et manchot !

Scène 11

TOINETTE, ARGAN, BÉRALDE

TOINETTE. – Allons, allons, je suis votre servante, je n'ai pas envie de rire.

ARGAN. – Qu'est-ce que c'est ?

TOINETTE. – Votre médecin, ma foi ! qui me voulait tâter le pouls.

ARGAN. – Voyez un peu, à l'âge de quatre-vingt-dix ans !

BÉRALDE. – Oh çà, mon frère, puisque voilà votre Monsieur Purgon brouillé avec vous[1], ne voulez-vous pas bien que je vous parle du parti qui s'offre pour ma nièce ?

ARGAN. – Non, mon frère : je veux la mettre dans un couvent, puisqu'elle s'est opposée à mes volontés. Je vois bien qu'il y a quelque amourette là-dessous, et j'ai découvert certaine entrevue secrète, qu'on ne sait pas que j'aie découverte.

BÉRALDE. – Hé bien ! mon frère, quand il y aurait quelque petite inclination, cela serait-il si criminel, et rien peut-il vous offenser, quand tout ne va qu'à des choses honnêtes comme le mariage ?

ARGAN. – Quoi qu'il en soit, mon frère, elle sera religieuse, c'est une chose résolue[2].

BÉRALDE. – Vous voulez faire plaisir à quelqu'un.

---

1. *Brouillé avec vous* : en colère contre vous.
2. *Résolue* : décidée.

ARGAN. – Je vous entends : vous en revenez toujours là, et ma femme vous tient au cœur.

BÉRALDE. – Hé bien ! oui, mon frère, puisqu'il faut parler à cœur ouvert, c'est votre femme que je veux dire ; et non plus que[1] l'entêtement de la médecine, je ne puis vous souffrir l'entêtement où vous êtes pour elle, et voir que vous donniez tête baissée dans tous les pièges qu'elle vous tend.

TOINETTE. – Ah ! Monsieur, ne parlez point de Madame : c'est une femme sur laquelle il n'y a rien à dire, une femme sans artifice[2], et qui aime Monsieur, qui l'aime… on ne peut pas dire cela.

ARGAN. – Demandez-lui un peu les caresses qu'elle me fait.

TOINETTE. – Cela est vrai.

ARGAN. – L'inquiétude que lui donne ma maladie.

TOINETTE. – Assurément.

ARGAN. – Et les soins et les peines qu'elle prend autour de moi.

TOINETTE. – Il est certain. Voulez-vous que je vous convainque, et vous fasse voir tout à l'heure[3] comme Madame aime Monsieur ? Monsieur, souffrez que je lui montre son bec jaune[4], et le tire d'erreur.

ARGAN. – Comment ?

TOINETTE. – Madame s'en va revenir. Mettez-vous tout étendu dans cette chaise, et contrefaites le mort. Vous verrez la douleur où elle sera, quand je lui dirai la nouvelle.

ARGAN. – Je le veux bien.

TOINETTE. – Oui ; mais ne la laissez pas longtemps dans le désespoir, car elle en pourrait bien mourir.

ARGAN. – Laisse-moi faire.

TOINETTE, *à Béralde*. – Cachez-vous, vous, dans ce coin-là.

---

1. *Non plus que* : pas plus que.
2. *Sans artifice* : honnête.
3. *Tout à l'heure* : sur-le-champ, tout de suite.
4. *Son bec jaune* : son ignorance.

Argan. – N'y a-t-il point quelque danger à contrefaire le mort ?
Toinette. – Non, non : quel danger y aurait-il ? Étendez-vous là seulement. *(Bas.)* Il y aura plaisir à confondre[1] votre frère. Voici Madame. Tenez-vous bien.

Scène 12

Béline, Toinette, Argan, Béralde

Toinette *s'écrie*. – Ah, mon Dieu ! Ah, malheur ! Quel étrange accident[2] !
Béline. – Qu'est-ce, Toinette ?
Toinette. – Ah, Madame !
Béline. – Qu'y a-t-il ?
Toinette. – Votre mari est mort.
Béline. – Mon mari est mort ?
Toinette. – Hélas ! oui. Le pauvre défunt est trépassé.
Béline. – Assurément ?
Toinette. – Assurément. Personne ne sait encore cet accident-là, et je me suis trouvée ici toute seule. Il vient de passer[3] entre mes bras. Tenez, le voilà tout de son long dans cette chaise.
Béline. – Le Ciel en soit loué ! Me voilà délivrée d'un grand fardeau[4]. Que tu es sotte, Toinette, de t'affliger de cette mort !
Toinette. – Je pensais, Madame, qu'il fallût pleurer.
Béline. – Va, va, cela n'en vaut pas la peine. Quelle perte est-ce que la sienne ? et de quoi servait-il sur la terre ? Un homme incommode à tout le monde, malpropre, dégoûtant, sans

---

1. *Confondre* : réduire à n'avoir rien à répondre.
2. *Accident* : événement imprévu.
3. *Passer* : trépasser, mourir.
4. *Fardeau* : poids.

cesse un lavement ou une médecine dans le ventre, mouchant, toussant, crachant toujours, sans esprit, ennuyeux, de mauvaise humeur, fatiguant sans cesse les gens, et grondant jour et nuit servantes et valets.

TOINETTE. – Voilà une belle oraison funèbre[1].

BÉLINE. – Il faut, Toinette, que tu m'aides à exécuter mon dessein, et tu peux croire qu'en me servant ta récompense est sûre. Puisque, par un bonheur, personne n'est encore averti de la chose, portons-le dans son lit, et tenons cette mort cachée, jusqu'à ce que j'aie fait mon affaire. Il y a des papiers, il y a de l'argent dont je veux me saisir, et il n'est pas juste que j'aie passé sans fruit[2] auprès de lui mes plus belles années. Viens, Toinette, prenons auparavant toutes ses clefs.

ARGAN, *se levant brusquement.* – Doucement.

BÉLINE, *surprise et épouvantée.* – Ahy !

ARGAN. – Oui, Madame ma femme, c'est ainsi que vous m'aimez ?

TOINETTE. – Ah, ah ! le défunt n'est pas mort.

ARGAN, *à Béline, qui sort.* – Je suis bien aise de voir votre amitié, et d'avoir entendu le beau panégyrique[3] que vous avez fait de moi. Voilà un avis au lecteur[4] qui me rendra sage à l'avenir, et qui m'empêchera de faire bien des choses.

BÉRALDE, *sortant de l'endroit où il était caché.* – Hé bien ! mon frère, vous le voyez.

TOINETTE. – Par ma foi ! Je n'aurais jamais cru cela. Mais j'entends votre fille : remettez-vous comme vous étiez, et voyons de quelle manière elle recevra votre mort. C'est une chose qu'il n'est pas mauvais d'éprouver ; et puisque vous êtes en train, vous connaîtrez par là les sentiments que votre famille a pour vous.

---

1. *Oraison funèbre* : discours qui trace le portrait élogieux d'un mort.
2. *Sans fruit* : sans bénéfice, pour rien.
3. *Panégyrique* : discours élogieux.
4. *Avis au lecteur* : avertissement.

Scène 13

ANGÉLIQUE, ARGAN, TOINETTE, BÉRALDE

TOINETTE *s'écrie*. – Ô Ciel ! ah ! fâcheuse aventure ! Malheureuse journée !
ANGÉLIQUE. – Qu'as-tu, Toinette, et de quoi pleures-tu ?
TOINETTE. – Hélas ! j'ai de tristes nouvelles à vous donner.
ANGÉLIQUE. – Hé quoi ?
TOINETTE. – Votre père est mort.
ANGÉLIQUE. – Mon père est mort, Toinette ?
TOINETTE. – Oui ; vous le voyez là. Il vient de mourir tout à l'heure[1] d'une faiblesse qui lui a pris.
ANGÉLIQUE. – Ô Ciel ! quelle infortune ! quelle atteinte cruelle ! Hélas ! faut-il que je perde mon père, la seule chose qui me restait au monde ? et qu'encore, pour un surcroît de désespoir, je le perde dans un moment où il était irrité[2] contre moi ? Que deviendrai-je, malheureuse, et quelle consolation trouver après une si grande perte ?

Scène 14 et dernière

CLÉANTE, ANGÉLIQUE, ARGAN, TOINETTE, BÉRALDE

CLÉANTE. – Qu'avez-vous donc, belle Angélique ? et quel malheur pleurez-vous ?
ANGÉLIQUE. – Hélas ! je pleure tout ce que dans la vie je pouvais perdre de plus cher et de plus précieux : je pleure la mort de mon père.

---

1. *Tout à l'heure* : il y a quelques instants.
2. *Irrité* : en colère.

CLÉANTE. – Ô Ciel ! quel accident ! quel coup inopiné[1] ! Hélas ! après la demande que j'avais conjuré votre oncle de lui faire pour moi, je venais me présenter à lui, et tâcher par mes respects et par mes prières de disposer son cœur à vous accorder à mes vœux.

ANGÉLIQUE. – Ah ! Cléante, ne parlons plus de rien. Laissons là toutes les pensées du mariage. Après la perte de mon père, je ne veux plus être du monde[2], et j'y renonce pour jamais. Oui, mon père, si j'ai résisté tantôt à vos volontés, je veux suivre du moins une de vos intentions, et réparer par là le chagrin que je m'accuse de vous avoir donné. Souffrez, mon père, que je vous en donne ici ma parole, et que je vous embrasse pour vous témoigner mon ressentiment[3].

ARGAN *se lève*. – Ah, ma fille !

ANGÉLIQUE, *épouvantée*. – Ahy !

ARGAN. – Viens. N'aie point de peur, je ne suis pas mort. Va, tu es mon vrai sang, ma véritable fille ; et je suis ravi d'avoir vu ton bon naturel.

ANGÉLIQUE. – Ah ! quelle surprise agréable, mon père ! Puisque par un bonheur extrême le Ciel vous redonne à mes vœux, souffrez qu'ici je me jette à vos pieds pour vous supplier d'une chose. Si vous n'êtes pas favorable au penchant de mon cœur, si vous me refusez Cléante pour époux, je vous conjure au moins de ne me point forcer d'en épouser un autre. C'est toute la grâce que je vous demande.

CLÉANTE *se jette à genoux*. – Eh ! Monsieur, laissez-vous toucher à ses prières et aux miennes, et ne vous montrez point contraire aux mutuels empressements d'une si belle inclination.

BÉRALDE. – Mon frère, pouvez-vous tenir là contre ?

TOINETTE. – Monsieur, serez-vous insensible à tant d'amour ?

---

1. *Inopiné* : inattendu.
2. *Je ne veux plus être du monde* : je veux entrer au couvent.
3. *Ressentiment* : ici, reconnaissance.

ARGAN. – Qu'il se fasse médecin, je consens au mariage. Oui, faites-vous médecin, je vous donne ma fille.

CLÉANTE. – Très volontiers, Monsieur : s'il ne tient qu'à cela pour être votre gendre, je me ferai médecin, apothicaire même, si vous voulez. Ce n'est pas une affaire que cela, et je ferais bien d'autres choses pour obtenir la belle Angélique.

BÉRALDE. – Mais, mon frère, il me vient une pensée : faites-vous médecin vous-même. La commodité sera encore plus grande, d'avoir en vous tout ce qu'il vous faut.

TOINETTE. – Cela est vrai. Voilà le vrai moyen de vous guérir bientôt ; et il n'y a point de maladie si osée, que de se jouer à la personne d'un médecin.

ARGAN. – Je pense, mon frère, que vous vous moquez de moi : est-ce que je suis en âge d'étudier ?

BÉRALDE. – Bon, étudier ! Vous êtes assez savant ; et il y en a beaucoup parmi eux qui ne sont pas plus habiles que vous.

ARGAN. – Mais il faut savoir bien parler latin, connaître les maladies, et les remèdes qu'il y faut faire.

BÉRALDE. – En recevant la robe et le bonnet de médecin, vous apprendrez tout cela, et vous serez après plus habile que vous ne voudrez.

ARGAN. – Quoi ? l'on sait discourir sur les maladies quand on a cet habit-là ?

BÉRALDE. – Oui. L'on n'a qu'à parler avec une robe et un bonnet, tout galimatias devient savant, et toute sottise devient raison.

TOINETTE. – Tenez, Monsieur, quand il n'y aurait que votre barbe, c'est déjà beaucoup, et la barbe fait plus de la moitié d'un médecin.

CLÉANTE. – En tout cas, je suis prêt à tout.

BÉRALDE. – Voulez-vous que l'affaire se fasse tout à l'heure[1] ?

ARGAN. – Comment tout à l'heure ?

---

1. *Tout à l'heure* : sur-le-champ, tout de suite.

BÉRALDE. – Oui, et dans votre maison.

2285 ARGAN. – Dans ma maison ?

BÉRALDE. – Oui. Je connais une Faculté de mes amies, qui viendra tout à l'heure en faire la cérémonie dans votre salle. Cela ne vous coûtera rien.

ARGAN. – Mais moi, que dire, que répondre ?

2290 BÉRALDE. – On vous instruira en deux mots, et l'on vous donnera par écrit ce que vous devez dire. Allez-vous-en vous mettre en habit décent, je vais les envoyer quérir.

ARGAN. – Allons, voyons cela.

CLÉANTE. – Que voulez-vous dire, et qu'entendez-vous avec cette
2295 Faculté de vos amies… ?

TOINETTE. – Quel est donc votre dessein ?

BÉRALDE. – De nous divertir un peu ce soir. Les comédiens ont fait un petit intermède de la réception d'un médecin, avec des danses et de la musique ; je veux que nous en prenions
2300 ensemble le divertissement, et que mon frère y fasse le premier personnage.

ANGÉLIQUE. – Mais mon oncle, il me semble que vous vous jouez un peu beaucoup de mon père.

BÉRALDE. – Mais, ma nièce, ce n'est pas tant le jouer que
2305 s'accommoder à ses fantaisies. Tout ceci n'est qu'entre nous. Nous y pouvons aussi prendre chacun un personnage, et nous donner ainsi la comédie les uns aux autres. Le carnaval autorise cela[1]. Allons vite préparer toutes choses.

CLÉANTE, *à Angélique*. – Y consentez-vous ?

2310 ANGÉLIQUE. – Oui, puisque mon oncle nous conduit.

---

1. L'action de la pièce se déroule pendant le Carnaval, période de l'année consacrée aux divertissements.

TROISIÈME INTERMÈDE

C'est une cérémonie burlesque d'un homme qu'on fait médecin en récit, chant et danse.

Entrée de ballet

Plusieurs tapissiers viennent préparer la salle et placer les bancs en cadence; ensuite de quoi toute l'assemblée (composée de huit porte-seringues, six apothicaires, vingt-deux docteurs, celui qui se fait recevoir médecin, huit chirurgiens dansants, et deux chantants) entre, et prend ses places, selon les rangs.

PRÆSES	[TRADUCTION] LE PRÉSIDENT
Sçavantissimi doctores,	Très savants docteurs,
Medicinæ professores,	Professeurs de médecine,
Qui hic assemblati estis,	Qui êtes assemblés ici,
Et vos, altri Messiores,	Et vous autres, Messieurs,
2315 *Sententiarum Facultatis*	Des sentences de la Faculté
Fideles executores,	Fidèles exécuteurs,
Chirurgiani et apothicari,	Chirurgiens et apothicaires,
Atque tota compania aussi,	Et toute la compagnie aussi,
Salus, honor, et argentum,	Salut, honneur, et argent,
2320 *Atque bonum appetitum.*	Et bon appétit !

Non possum, docti Confreri,
En moi satis admirari
Qualis bona inventio
Est medici professio,
2325 *Quam bella chosa est,*
     [et bene trovata,
Medicina illa benedicta,
Quae suo nomine solo,
Surprenanti miraculo,
Depuis si longo tempore,
2330 *Facit à gogo vivere*
Tant de gens omni genere.

Per totam terram videmus
Grandam vogam ubi sumus,

Et quod grandes et petiti
2335 *Sunt de nobis infatuti.*
Totus mundus, currens ad
     [nostros remedios,
Nos regardat sicut Deos ;

Et nostris ordonnanciis
Principes et reges soumissos
     [videtis.

2340 *Donque il est nostræ*
     [sapientiæ,
Boni sensus atque prudentiæ,

De fortement travaillare
A nos bene conservare

Je ne peux, doctes confrères,
En moi-même admirer assez
Quelle bonne invention
Est la profession de médecin,
Comme c'est une belle chose,
     [et bien trouvée,
Cette médecine bénie
Qui, grâce à son seul nom,
Miracle surprenant,
Depuis si longtemps,
Fait vivre à gogo
Tant de gens de toute sorte.

Sur toute la terre nous voyons
La grande vogue où nous
     [sommes,
Et que les grands et les petits
Sont de nous infatués.
Le monde entier, courant après
     [nos remèdes,
Nous regarde comme des
     [dieux ;

Et à nos ordonnances
Nous voyons soumis les princes
     [et les rois.

Donc il est de notre sagesse,

De notre bon sens et de notre
     [prudence,
De fortement travailler
À nous bien conserver

150 | Le Malade imaginaire

In tali credito, voga, et honore,	*En tels crédit, vogue, et [honneur*
2345 *Et prandere gardam à non [recevere*	*Et prendre garde à ne recevoir*
In nostro docto corpore	*Dans notre docte corporation*
Quam personas capabiles,	*Que des personnes capables,*
Et totas dignas ramplire	*Et tout à fait dignes de remplir*
Has plaças honorabiles.	*Ces places honorables.*
2350 *C'est pour cela que nunc [convocati estis :*	*C'est pour cela que vous êtes [à présent convoqués :*
Et credo quod trovabitis	*Et je crois que vous trouverez*
Dignam matieram medici	*matière à faire un bon médecin*
In sçavanti homine que voici,	*Dans le savant homme que voici,*
Lequel, in chosis omnibus,	*Lequel, sur toutes choses,*
2355 *Dono ad interrogandum,*	*Je vous demande d'interroger,*
Et à fond examinandum	*Et d'examiner à fond*
Vostris capacitatibus.	*Grâce à vos capacités.*

PRIMUS DOCTOR	LE PREMIER DOCTEUR
Si mihi licenciam dat Dominus [Præses,	*Si me le permettent Monsieur [le Président*
Et tanti docti Doctores,	*Et tous les doctes docteurs,*
2360 *Et assistantes illustres,*	*Et leurs illustres assistants,*
Très sçavanti Bacheliero,	*Au très savant bachelier,*
Quem estimo et honoro,	*Que j'estime et honore,*
Domandabo causam et [rationem quare	*Je demanderai la cause et la [raison qui font*
Opium facit dormire.	*Que l'opium fait dormir.*

Troisième intermède | 151

BACHELIERUS	**LE BACHELIER**

BACHELIERUS
2365 *Mihi a docto Doctore*
 Domandatur causam et
  [rationem quare
 Opium facit dormire :
 A quoi respondeo,
 Quia est in eo
2370 *Virtus dormitiva,*
 Cujus est natura
 Sensus assoupire.

CHORUS
Bene, bene, bene, bene
 [respondere :
Dignus, dignus est entrare
2375 *In nostro docto corpore.*

SECUNDUS DOCTOR
Cum permissione Domini
 [Præsidis,
Doctissimæ Facultatis,
Et totius his nostris actis
Companiæ assistantis,

2380 *Domandabo tibi, docte*
 [Bacheliere,
Quæ sunt remedia
Quæ in maladia
Ditte hydropisia
Convenit facere.

BACHELIERUS
2385 *Clysterium donare,*
 Postea seignare,
 Ensuitta purgare.

LE BACHELIER
À moi, le docte docteur
Demande la cause et la raison
 [qui font
Que l'opium fait dormir :
À quoi je réponds
Qu'il y a en lui
Une vertu dormitive,
Dont c'est la nature
D'endormir les sens.

LE CHŒUR
Bien, bien, bien, bien répondu :

Il est digne, digne d'entrer
Dans notre docte corporation.

LE SECOND DOCTEUR
Avec la permission de Monsieur
 [le Président,
De la très docte Faculté,
Et de toute la compagnie
De ceux qui assistent à nos
 [actes,
Je te demanderai, docte
 [bachelier,
Quels sont les remèdes
Que pour la maladie
Qu'on nomme hydropisie
Il convient de donner.

LE BACHELIER
Il faut clystère donner,
Après saigner,
Ensuite purger.

152 | Le Malade imaginaire

Chorus
Bene, bene, bene, bene
[*respondere.*
Dignus, dignus est entrare
2390 *In nostro docto corpore.*

Tertius doctor
Si bonum semblatur Domino
[*Præsidi,*
Doctissimæ Facultati,
Et companiæ præsenti,
Domandabo tibi, docte
[*Bacheliere,*
2395 *Quæ remedia eticis,*
Pulmonicis, atque asmaticis,

Trovas à propos facere.

Bachelierus
Clysterium donare,
Postea seignare,
2400 *Ensuitta purgare.*

Chorus
Bene, bene, bene, bene
[*respondere :*
Dignus, dignus est entrare
In nostro docto corpore.

Quartus doctor
Super illas maladias
2405 *Doctus Bachelierus dixit*
[*maravillas,*

Le chœur
Bien, bien, bien, bien répondu.
Il est digne, digne d'entrer
Dans notre docte corporation.

Le troisième docteur
Si cela agrée à Monsieur
[*le Président,*
De la très docte Faculté,
Et à la compagnie ici présente,
Je te demanderai, docte
[*bachelier,*
Quels remèdes aux étiques[1],
Aux pulmoniques[2] *et aux*
[*asthmatiques*
Tu trouves à propos de donner.

Le bachelier
Il faut clystère donner,
Après saigner,
Ensuite purger.

Le chœur
Bien, bien, bien, bien répondu :

Il est digne, digne d'entrer
Dans notre docte corporation.

Le quatrième docteur
Sur ces maladies,
Le docte bachelier a dit des
[*merveilles,*

---

1. *Étiques* : atteints d'une fièvre qui dessèche le corps.
2. *Pulmoniques* : malades du poumon.

Mais si non ennuyo Dominum
 [Præsidem,
Doctissimam Facultatem,
Et totam honorabilem
Companiam ecoutantem,
2410 *Faciam illi unam quæstionem.*
De hiero maladus unus
Tombavit in meas manus :
Habet grandam fievram cum
 [redoublamentis,
Grandam dolorem capitis,
2415 *Et grandum malum au costé,*
Cum granda difficultate
Et pena de respirare :
Veillas mihi dire,
Docte Bacheliere,
2420 *Quid illi facere ?*

BACHELIERUS
Clysterium donare,
Postea seignare,
Ensuitta purgare.

QUINTUS DOCTOR
Mais si maladia
2425 *Opiniatria*
Non vult se garire,
Quid illi facere ?

BACHELIERUS
Clysterium donare,
Postea seignare,
2430 *Ensuitta purgare.*

Mais si je n'ennuie pas
 [Monsieur le Président,
La très docte Faculté,
Et toute l'honorable
Compagnie des écoutants,
Je lui poserai une question :
Hier un malade
Tomba entre mes mains :
Il avait une grande fièvre qui
 [ne faisait qu'augmenter,
Une grande douleur à la tête,
Et un grand mal au côté,
Avec grande difficulté
Et grande peine à respirer :
Veux-tu me dire,
Docte bachelier,
Le remède qu'il faut lui
 [donner ?

LE BACHELIER
Il faut clystère donner,
Après saigner,
Ensuite purger.

LE CINQUIÈME DOCTEUR
Mais si la maladie
Obstinée
Ne veut pas se laisser guérir,
Quel remède faut-il donner ?

LE BACHELIER
Il faut clystère donner,
Après saigner,
Ensuite purger.

CHORUS

Bene, bene, bene, bene
*   [respondere :*
Dignus, dignus est entrare
In nostro docto corpore.

PRÆSES

Juras gardare statuta
2435 *Per Facultatem præscripta*
Cum sensu et jugeamento ?

BACHELIERUS

Juro.

PRÆSES

Essere, in omnibus
Consultationibus,
2440 *Ancieni aviso,*
Aut bono,
Aut mauvaiso ?

BACHELIERUS

Juro.

PRÆSES

De non jamais te servire
2445 *De remediis aucunis*
Quam de ceux seulement
*   [doctæ Facultatis,*
Maladus dust-il crevare,
Et mori de suo malo ?

BACHELIERUS

Juro.

LE CHŒUR

Bien, bien, bien, bien répondu :

Il est digne, digne d'entrer
Dans notre docte corporation.

LE PRÉSIDENT

Tu jures d'observer les règles
Prescrites par la Faculté
Avec bon sens et jugement ?

LE BACHELIER

Je le jure.

LE PRÉSIDENT

D'être, dans toutes
Les consultations,
De l'avis d'un ancien,
Qu'il soit bon
ou mauvais ?

LE BACHELIER

Je le jure.

LE PRÉSIDENT

De ne jamais te servir
D'aucun autre remède
Que ceux seulement de la
*   [docte Faculté,*
Le malade dût-il crever,
Et mourir de son mal ?

LE BACHELIER

Je le jure.

PRÆSES	LE PRÉSIDENT
2450 *Ego, cum isto boneto*	*Moi, grâce à ce bonnet*
Venerabili et docto,	*Vénérable et docte,*
Dono tibi et concedo	*Je te donne et te concède*
Virtutem et puissanciam	*La vertu et la puissance*
Medicandi,	*D'exercer la médecine,*
2455 *Purgandi,*	*De purger,*
Seignandi,	*De saigner,*
Perçandi,	*De percer,*
Taillandi,	*De tailler,*
Coupandi	*De couper,*
2460 *Et occidendi*	*Et de tuer,*
Impune per totam terram.	*En toute impunité, dans le [monde entier.*

Entrée de ballet

Tous les Chirurgiens et Apothicaires viennent lui faire la révérence en cadence.

BACHELIERUS	LE BACHELIER
Grandes doctores doctrinæ	*Grands docteurs de la doctrine*
De la rhubarbe et du séné,	*De la rhubarbe et du séné,*
Ce serait sans douta à moi [chosa folla,	*Ce serait sans doute à moi [chose folle,*
2465 *Inepta et ridicula,*	*Inepte et ridicule,*
Si j'alloibam m'engageare,	*Si j'allais m'engager,*
Vobis louangeas donare,	*À dresser vos louanges,*
Et entreprenoibam adjoutare	*Et si j'entreprenais d'ajouter*
Des lumieras au soleillo,	*Des lumières au soleil,*
2470 *Et des étoilas au cielo,*	*Et des étoiles au ciel,*
Des ondas à l'Oceano,	*Et des ondes à l'océan,*
Et des rosas au printanno.	*Et des roses au printemps.*

156 | Le Malade imaginaire

Agreate qu'avec uno moto,	*Agréez qu'en un seul mot,*
Pro toto remercimento,	*En guise de tout remerciement,*
2475 *Rendam gratiam corpori tam [docto.*	*Je rende grâce à une corporation [si savante.*
Vobis, vobis debeo	*À vous, à vous je dois*
Bien plus qu'à naturæ et qu'à [patri meo :	*Bien plus qu'à la nature, et qu'à [mon père :*
Natura et pater meus	*La nature et mon père*
Hominem me habent factum ;	*Ont fait de moi un homme ;*
2480 *Mais vos me, ce qui est bien [plus,*	*Mais vous, de moi, ce qui est [bien plus,*
Avetis factum medicum,	*Vous avez fait un médecin,*
Honor, favor, et gratia	*Honneur, faveur et grâce*
Qui, in hoc corde que voilà,	*Qui, dans ce cœur que voilà,*
Imprimant ressentimenta	*Impriment des sentiments*
2485 *Qui dureront in secula.*	*Qui dureront éternellement.*

CHORUS | LE CHŒUR

Vivat, vivat, vivat, vivat, cent [fois vivat	*Vive, vive, vive, vive, vive [cent fois*
Novus Doctor, qui tam bene [parlat !	*Le nouveau docteur, qui parle [si bien !*
Mille, mille annis et manget [et bibat,	*Pendant mille et mille ans, qu'il [mange et qu'il boive,*
Et seignet et tuat !	*Et qu'il saigne et qu'il tue !*

Entrée de ballet

Tous les Chirurgiens et les Apothicaires dansent au son des instruments et des voix, et des battements de mains, et des mortiers d'apothicaires.

CHIRURGUS | LE CHIRURGIEN

2490 *Puisse-t-il voir doctas*	*Puisse-t-il voir*
Suas ordonnancias	*Ces doctes ordonnances*
Omnium chirurgorum	*De tous les chirurgiens*

Et apothiquarum
Remplire boutiquas !

CHORUS

2495 *Vivat, vivat, vivat, vivat, cent*
 [fois vivat
Novus Doctor, qui tam bene
 [parlat !
Mille, mille annis et manget et
 [bibat,
Et seignet et tuat !

CHIRURGUS

Puissent toti anni
2500 *Lui essere boni*
Et favorabiles,
Et n'habere jamais
Quam pestas, verolas,
Fievras, pluresias,
2505 *Fluxus de sang, et*
 [dyssenterias !

CHORUS

Vivat, vivat, vivat, vivat, cent
 [fois vivat
Novus Doctor, qui tam bene
 [parlat !
Mille, mille annis et manget et
 [bibat,
Et seignet et tuat !

Et les apothicaires
Remplir les boutiques !

LE CHŒUR

Vive, vive, vive, vive, cent fois

Le nouveau docteur, qui parle
 [si bien !
Pendant mille et mille ans, qu'il
 [mange et qu'il boive,
Et qu'il saigne et qu'il tue !

LE CHIRURGIEN

Puissent toutes les années
Lui être bonnes
Et favorables,
Et n'avoir jamais
Que pestes, véroles,
Fièvres, pleurésies,
Flux de sang, et dysenteries !

LE CHŒUR

Vive, vive, vive, vive, cent fois

Le nouveau docteur, qui parle
 [si bien !
Pendant mille et mille ans, qu'il
 [mange et qu'il boive,
Et qu'il saigne et qu'il tue[1] *!*

Dernière entrée de ballet

---

1. Nous traduisons.

DOSSIER

Étude de l'œuvre
- Explications de textes

Parcours : « Spectacle et comédie »
- Le personnage caché dans la comédie
  (groupement de textes n° 1)
- Le théâtre dans le théâtre
  (groupement de textes n° 2)
- Vers l'écrit du bac
  (sujets d'entraînement)
- Prolongement : lectures cursives

ÉTUDE DE L'ŒUVRE

Explications de textes

▶ EXTRAIT N° 1 : **acte I, scène 8 et intermède (p. 69-72)**

Relisez le texte, du début de la scène 8 à « *Ô nuit : ô chère nuit ! porte mes plaintes amoureuses jusque dans le lit de mon inflexible* » (l. 623), puis répondez aux questions suivantes.

A. Toinette et Angélique, servante et maîtresse

1. « Faire donner avis à Cléante du mariage qu'on a conclu » (l. 596-597) : de quel mariage est-il question ? Pourquoi faut-il en prévenir Cléante ? Pourquoi Angélique ne peut-elle pas le faire elle-même ?

2. « Qu'il dispose de son bien à sa fantaisie, pourvu qu'il ne dispose point de mon cœur » (l. 584-585) : quelle est la figure de style présente dans la construction de cette phrase ? Quels éléments sont mis sur le même plan ? Que dénonce ainsi le personnage d'Angélique ?

3. Quel est le plan de Toinette ? Quels mots permettent de le comprendre ?

4. Comment peut-on décrire ici les relations entre Toinette et Angélique, notamment lors de la réplique « Ne m'abandonne point, je te prie, dans l'extrémité où je suis » (l. 586-587) et sa réponse ? Connaissant leurs statuts sociaux respectifs, qu'est-ce qui peut paraître surprenant ?

5. Quelle image de Béline est donnée dans cet extrait ?

B. Le rôle de l'intermède dans la pièce

6. Y a-t-il d'autres intermèdes dans cette pièce ? À chaque fois, quel rôle jouent-ils par rapport à l'intrigue principale ?

160 | Le Malade imaginaire

7. Comment l'intermède s'insère-t-il ici dans l'intrigue de la pièce ? À quoi sert-il ?

8. Qui est Polichinelle par rapport à Toinette ? Comment Toinette le décrit-elle dans ses répliques ?

9. Que peut-on dire des didascalies présentes dans cet extrait (fin de la scène 8 et début de l'intermède) ? Montrez que la première marque un changement important et que la deuxième confirme cette variation par rapport à l'intrigue principale de la pièce : de quelle manière cette didascalie confirme-t-elle qu'il s'agit bien d'un intermède ?

10. Pourquoi cet intermède est-il comique ?

C. Un personnage nommé Polichinelle

11. Comment s'appelle le type de réplique que prononce Polichinelle ?

12. À quel type de théâtre le nom de Polichinelle fait-il penser (voir Présentation, p. 15-16) ?

13. « Ô amour, amour, amour, amour ! » : sur quel ton Polichinelle peut-il prononcer ces mots ? Selon vous, ses propos sont-ils originaux ? En quoi contrastent-ils avec les dernières paroles de Toinette ? Qui invoque-t-il plus tard par cette même tournure ?

14. Repérez les passages où Polichinelle se décrit lui-même : que peut-on dire de cet autoportrait ? Pourquoi appartient-il au genre comique ? Peut-on comparer les amoureux que sont Cléante et Angélique à Toinette et Polichinelle ?

15. Quelles métaphores Polichinelle utilise-t-il pour décrire Toinette ? Quel est leur point commun ?

16. Qui est désigné successivement par le pronom « tu » dans la réplique de Polichinelle ? Qu'est-ce que cela fait ressortir du personnage ?

Question de grammaire

« Qu'il dispose de son bien à sa fantaisie, pourvu qu'il ne dispose point de mon cœur » (l. 584-585) : à quel temps et quel mode le verbe « disposer » est-il conjugué ? Pourquoi ?

 EXTRAIT N° 2 : **acte II, scène 5 (p. 92-97)**

Relisez le texte, de « THOMAS DIAFOIRUS *est un grand benêt* » à « c'est à eux à guérir s'ils peuvent » (l. 953-1081), puis répondez aux questions suivantes.

A. Thomas Diafoirus, un personnage comique

1. Par quel moyen le lecteur apprend-il les principales caractéristiques du personnage de Thomas Diafoirus ? et le spectateur ? Y a-t-il des différences entre les deux ? Quels passages de l'extrait permettent de faire le portrait du jeune homme ?

2. La didascalie qui présente Thomas Diafoirus est-elle vérifiée dans la suite de l'extrait ? Justifiez votre réponse.

3. De quoi Molière fait-il la satire par le biais de Thomas Diafoirus ? Quel champ lexical apparaît ici en plus de celui de la médecine ?

4. Quelle image de la médecine est donnée dans cet extrait ?

5. Que peut-on penser des deux « compliments » que fait Thomas Diafoirus ? Pourquoi son père répond-il en latin ? Quel autre type de personnage emploie le latin à cette époque, et dans quel cadre ?

6. « CLÉANTE. – Que Monsieur fait merveilles, et que s'il est aussi bon médecin qu'il est bon orateur, il y aura plaisir à être de ses malades./ TOINETTE. – Assurément. Ce sera quelque chose d'admirable s'il fait d'aussi belles cures qu'il fait de beaux discours » (l. 1003-1004) : Cléante et Toinette sont-ils d'accord ici ? Quelle figure de style emploient-ils tous les deux dans ces répliques ?

7. Quels sont les points communs de Cléante et Toinette ? Argan comprend-il leur manière de parler ?

162 | Le Malade imaginaire

8. Comment peut-on décrire les interventions de Toinette dans cet extrait ?

B. Monsieur Diafoirus défend son fils

9. Par quel terme désigne-t-on les répliques que prononce Monsieur Diafoirus ?

10. Comment Monsieur Diafoirus présente-t-il son fils ? « Il n'a jamais eu l'imagination bien vive, ni ce feu d'esprit qu'on remarque dans quelques-uns ; mais c'est par là que j'ai toujours bien auguré de sa judiciaire, qualité requise pour l'exercice de notre art » (l. 1012-1015) : en quoi cette phrase fait-elle un compliment paradoxal au jeune homme ? De quel « art » est-il question, et pourquoi Monsieur Diafoirus emploie-t-il ce mot ?

11. « Il avait neuf ans, qu'il ne connaissait pas encore ses lettres. "Bon, disais-je en moi-même, les arbres tardifs sont ceux qui portent les meilleurs fruits" » (l. 1021-1022) : par quelle figure de style Monsieur Diafoirus défend-il son fils ? Vous semble-t-elle convaincante ? Trouvez dans cette réplique un autre passage dans lequel Monsieur Diafoirus défend maladroitement son rejeton.

12. « C'est qu'il s'attache aveuglément aux opinions de nos anciens, et que jamais il n'a voulu comprendre ni écouter les raisons et les expériences des prétendues découvertes de notre siècle » (l. 1039-1042) : comment Monsieur Diafoirus présente-t-il ici son fils ? Que pensez-vous de l'adverbe « aveuglément » employé ? Ce comportement vous paraît-il adapté pour un médecin ?

C. La négociation du mariage

13. Comment Thomas Diafoirus fait-il la cour à Angélique ? Que lui propose-t-il ? Comment son cadeau est-il reçu et en quoi participe-t-il au comique de la scène ?

14. De quoi les deux pères discutent-ils concernant le mariage ? Comment traitent-ils alors leurs enfants ?

15. « Mais ce qu'il y a de fâcheux auprès des grands, c'est que, quand ils viennent à être malades, ils veulent absolument que leurs médecins les guérissent » (l. 1074-1076) : quelle figure de style est contenue dans cette phrase ? En quoi éclaire-t-elle encore la critique portée par Molière contre un certain type de médecins ? Que vient d'avouer également Monsieur Diafoirus quant à la différence qu'il fait entre ses malades ?

16. « Recevoir vos pensions, et leur ordonner des remèdes » (l. 1080) : que suggère l'ordre des verbes employés par Toinette dans cette phrase ?

Question de grammaire

« Lorsqu'il était petit, il n'a jamais été ce qu'on appelle mièvre et éveillé » (l. 1015-1016). Quelle est la proposition principale ici ? Quelle est la fonction des adjectifs « mièvre » et « éveillé » ?

EXTRAIT N° 3 : **acte III, scène 3 (p. 121-125)**

Relisez le texte, de « Sur la pensée, mon frère, de me donner un gendre tel qu'il me faut » à « ce qu'en un besoin il ferait à lui-même » (l. 1626-1707), puis répondez aux questions suivantes.

A. Une discussion familiale

1. Pourquoi Argan veut-il marier sa fille à un médecin ? Comment peut-on qualifier ce comportement ?

2. Quel type de répliques les deux frères échangent-ils au début de l'extrait ? Qu'est-ce que cela traduit de leur relation à ce moment de la pièce ?

3. Quand Béralde évoque « un parti plus sortable » (l. 1629), de qui parle-t-il ?

4. Pourquoi Béralde change-t-il d'argumentation à la ligne 1639 ? Sa discussion sur le choix d'un gendre a-t-elle produit les effets escomptés ?

B. La remise en question de la médecine par Béralde : le début d'une analogie

5. À quel moment de la pièce cette scène intervient-elle ? À quoi aboutit-elle ? Argan va-t-il changer d'avis sur la médecine ?

6. « Vous ne croyez donc point à la médecine ? » (l. 1656-1657) : à quel champ lexical le verbe « croire » se rapporte-t-il habituellement ? En quoi cette phrase est-elle donc un indice de la manière dont Argan conçoit la médecine ?

7. Comment Argan justifie-t-il ensuite son obéissance à la médecine ? Comment Béralde y répond-il ? Que pensez-vous des justifications d'Argan ?

8. Comment peut-on caractériser Béralde dans cet extrait, à travers ses répliques ? Comment se caractérise-t-il lui-même dans l'une de ses répliques ?

9. À quel champ lexical les mots suivants appartiennent-ils, employés par Argan et Béralde : « croyez » (l. 1656), « salut » (l. 1658), « révérée » (l. 1661), « mystères » (l. 1670) ? Que peut-on en déduire ?

C. Le savoir des médecins : un savoir de paroles ?

10. Quels sont les arguments principaux avancés par Argan pour défendre la médecine (l. 1678-1679, l. 1685-1687, l. 1690-1691) ?

11. Quels sont les arguments de Béralde pour répondre à son frère ? « Parler en beau latin » (l. 1675), « nommer en grec » (l. 1676), « pompeux galimatias » (l. 1682), « spécieux babil » (l. 792) : à quoi voit-on, dans l'usage de ces expressions, que Béralde renforce sa critique ? Sur quel ton pensez-vous qu'il prononce ces paroles ? À quel mot oppose-t-il ces expressions ?

12. En quoi la précision « jusques ici » (l. 1670) est-elle importante pour bien comprendre ce que Béralde pense de la médecine de son temps ?

13. Béralde distingue deux types de médecins (l. 1692-1694) : comment peut-on les qualifier ?

Étude de l'œuvre | 165

14. À travers l'exemple de M. Purgon, comment Béralde définit-il la médecine ? À quoi l'oppose-t-il ? Quel type de raisonnement M. Purgon valorise-t-il (l. 1694-1703), et en quoi cela correspond-il au personnage ?

15. Que nous apprend ce passage sur la médecine du XVIIe siècle ? Quelle dualité Béralde lui reproche-t-il ? D'après vous, est-elle la seule visée ici ? Quelle autre critique l'auteur formule-t-il en filigrane ?

> **Question de grammaire**
>
> « Quoi ? vous ne tenez pas véritable une chose établie par tout le monde, et que tous les siècles ont révérée ? » (l. 1660-1661) : quelle est la fonction du groupe nominal « une chose établie par tout le monde » dans cette phrase ? Quelle est la fonction de l'adjectif « véritable » ?

EXTRAIT N° 4 : acte III, scènes 12 à 14 (p. 143-147)

Relisez le texte, du début de la scène 12 à « tout galimatias devient savant, et toute sottise devient raison » (scène 14, l. 2277), puis répondez aux questions suivantes.

A. La marâtre Béline

1. Pourquoi Toinette a-t-elle demandé à Argan de faire le mort ? Qu'en conclut-on sur l'importance du personnage de Toinette dans la pièce ?

2. Comment appelle-t-on les répliques brèves que prononcent Toinette et Béline au début de la scène 12 ? Quel effet produisent-elles ?

3. Par quelle figure de style Béline décrit-elle son mari ? Quels mots emploie-t-elle ? Quelle image d'Argan est ainsi donnée, et que pensez-vous de ce portrait ?

4. « Oraison funèbre », « panégyrique », « avis au lecteur » : à quel champ lexical ces mots appartiennent-ils et quels sens ont-ils ? Pourquoi sont-ils utilisés ici d'après vous ?

5. Quelle figure de style cette réplique contient-elle : « le défunt n'est pas mort » (l. 2190) ? Qui la prononce ? Pourquoi peut-on dire qu'elle correspond bien au personnage qui la prononce ?

B. Angélique, fille aimante

6. Comment appelle-t-on le procédé comique par lequel Toinette répète sa scène de déploration, alors que le spectateur sait qu'Argan n'est pas mort ?

7. « Vous le voyez là » (l. 2210) : que montre Toinette en parlant ainsi ? Quels gestes est-elle censée faire ? À quelle réplique de la scène 12 cette réplique fait-elle écho ?

8. « Ô Ciel ! quelle infortune ! quelle atteinte cruelle ! Hélas ! faut-il que je perde mon père, la seule chose qui me restait au monde ? et qu'encore, pour un surcroît de désespoir, je le perde dans un moment où il était irrité contre moi ? Que deviendrai-je, malheureuse, et quelle consolation trouver après une si grande perte ? » (l. 2212-2217) : quel registre Angélique emploie-t-elle ici ? Pourquoi ne peut-on pas douter de sa sincérité ? Quel autre personnage tient le même genre de réplique dans la suite de la pièce ?

9. Comment Angélique décrit-elle son père à Cléante ? Que ressent Argan lorsqu'il entend cette réplique, d'après vous ?

10. Quand Angélique dit qu'elle « renonce » au monde (l. 2230), que faut-il comprendre ? En quoi obéit-elle ainsi à l'une des intentions de son père ? Que peut-on dire alors de ce personnage ?

11. Quelle réplique Angélique prononce-t-elle quand son père se relève ? Est-elle la seule à l'avoir prononcée ? En quoi cela participe-t-il au comique de la scène ?

C. La résolution de la comédie

12. D'après la réplique de Cléante, qui l'a aidé en parlant à Argan ? Cela confirme-t-il les liens connus entre les personnages ?

13. Béralde et Toinette sont les spectateurs de la scène finale : comment interviennent-ils ?

14. En quoi la réplique d'Argan montre-t-elle qu'il n'est pas guéri de son imagination malade ? Quelle condition pose-t-il au mariage ?

15. Quelle solution aux exigences d'Argan Toinette et Béralde imaginent-ils ?

16. « Il n'y a point de maladie si osée, que de se jouer à la personne d'un médecin » (l. 2263-2264) : que signifie cette réplique ? Dans quelle mesure rejoint-elle la manière de penser d'Argan ?

17. « Mais il faut savoir bien parler latin, connaître les maladies, et les remèdes qu'il y faut faire » (l. 2269-2270) : que pensez-vous de l'ordre des connaissances nécessaires pour être médecin tel qu'énuméré par Argan ? Comment Béralde répond-il à cette objection de son frère ?

18. D'après Béralde, quel élément est le plus important dans la carrière de médecin ? À quel proverbe peut-on penser en entendant les conseils qu'il donne à Argan ? Que dénonce Béralde lorsqu'il exprime l'idée suivante : « L'on n'a qu'à parler avec une robe et un bonnet, tout galimatias devient savant, et toute sottise devient raison » (l. 2276-2277) ?

Question de grammaire

« Un homme incommode à tout le monde, malpropre, dégoûtant, sans cesse un lavement ou une médecine dans le ventre, mouchant, toussant, crachant toujours, sans esprit, ennuyeux, de mauvaise humeur, fatiguant sans cesse les gens, et grondant jour et nuit servantes et valets » (l. 2173-2177) : pourquoi le texte écrit-il « fatiguant » et pas « fatigant » ? Quelle est cette forme ? A-t-elle un complément ? Est-ce la même forme pour « dégoûtant » ? Justifiez votre réponse.

PARCOURS : « SPECTACLE ET COMÉDIE »

Le personnage caché dans la comédie

(groupement de textes n° 1)

L'espace scénique est particulièrement exploité dans les comédies : la dramaturgie use de toutes les possibilités du spectacle pour créer des situations à l'origine de péripéties cocasses. Le motif du personnage caché est l'une de ces possibilités : qu'il soit un mari sceptique, un comte sans scrupule ou une jeune danseuse qui a passé la nuit chez un bourgeois, c'est un personnage dont la présence est problématique pour les autres protagonistes présents sur scène et qui, grâce au stratagème de la cachette, fait avancer l'intrigue.

Bien souvent, les personnages cachés sont utilisés comme de véritables révélateurs. Dans *Le Tartuffe* de Molière, le dispositif permet de faire tomber le masque du faux dévot ; dans *Le Mariage de Figaro*, la scène du fauteuil fait apparaître le Comte comme un dangereux seigneur ; enfin, dans *La Dame de chez Maxim* de Feydeau, Mme Petypon se transforme en catholique mystique proche de la folie. Par ce biais scénique, la comédie joue son rôle social et examine des conditions : seigneur, bourgeoise, religieux sont analysés et mis au jour.

Dans les extraits qui suivent, trois femmes ont l'idée de cacher ou de se cacher : Elmire cache Orgon pour piéger Tartuffe ; Suzanne dissimule Chérubin pour le protéger ; la Môme se cache puis se révèle paradoxalement. Maîtresses des intrigues, ces figures féminines témoignent également d'une maîtrise de l'espace du spectacle.

Molière, *Le Tartuffe ou l'Imposteur* (1669)

Tartuffe, faux dévot, entre dans la famille d'Orgon et devient son directeur de conscience. Orgon se prend d'affection pour lui et lui offre d'épouser sa fille Mariane (contre la volonté de celle-ci). Mais Tartuffe tente en fait de séduire Elmire, l'épouse d'Orgon. Elmire finit par convaincre son époux de se cacher sous la table pour découvrir les véritables intentions de Tartuffe, et de sortir quand il en aura assez entendu.

Acte IV, scène 5

ELMIRE
Mais comment consentir à ce que vous voulez,
Sans offenser le Ciel, dont toujours vous parlez ?

TARTUFFE
Si ce n'est que le Ciel qu'à mes vœux [1] on oppose,
Lever un tel obstacle est à moi peu de chose ;
Et cela ne doit pas retenir votre cœur.

ELMIRE
Mais des arrêts [2] du Ciel on nous fait tant de peur !

TARTUFFE
Je puis vous dissiper ces craintes ridicules,
Madame, et je sais l'art de lever les scrupules.
Le Ciel défend, de vrai, certains contentements ;

C'est un scélérat qui parle.

Mais on trouve avec lui des accommodements.
Selon divers besoins, il est une science
D'étendre les liens [3] de notre conscience,
Et de rectifier le mal de l'action

---

1. *Mes vœux* : Tartuffe souhaite en effet séduire Elmire.
2. *Arrêts* : décisions auxquelles on doit obéir.
3. *Étendre les liens* : relâcher les obligations, assouplir la morale.

Avec la pureté de notre intention [1].
De ces secrets, madame, on saura vous instruire ;
Vous n'avez seulement qu'à vous laisser conduire.
Contentez mon désir, et n'ayez point d'effroi ;
Je vous réponds de tout, et prends le mal sur moi.

Elmire tousse plus fort.

Vous toussez fort, madame.

ELMIRE
Oui, je suis au supplice.

TARTUFFE
Vous plaît-il un morceau de ce jus de réglisse ?

ELMIRE
C'est un rhume obstiné, sans doute ; et je vois bien
Que tous les jus du monde ici ne feront rien.

TARTUFFE
Cela, certes, est fâcheux.

ELMIRE
Oui, plus qu'on ne peut dire.

TARTUFFE
Enfin votre scrupule est facile à détruire.
Vous êtes assurée ici d'un plein secret,
Et le mal n'est jamais que dans l'éclat qu'on fait [2].
Le scandale du monde est ce qui fait l'offense,
Et ce n'est pas pécher que pécher en silence.

ELMIRE, *après avoir encore toussé et frappé sur la table.*
Enfin je vois qu'il faut se résoudre à céder ;

---

1. Allusion à la méthode jésuite de la « direction d'intention » : elle consistait à donner à un acte qui revêt la dimension d'un péché une intention pure qui rachète en partie l'action commise.
2. *Le mal n'est jamais que dans l'éclat qu'on fait* : un acte n'est un péché que s'il est connu.

Parcours : « Spectacle et comédie »

Qu'il faut que je consente à vous tout accorder ;
Et qu'à moins de cela, je ne dois point prétendre
Qu'on puisse être content, et qu'on veuille se rendre.
Sans doute il est fâcheux d'en venir jusque-là,
Et c'est bien malgré moi que je franchis cela ;
Mais, puisque l'on s'obstine à m'y vouloir réduire,
Puisqu'on ne veut point croire à tout ce qu'on peut dire,
Et qu'on veut des témoins qui soient plus convaincants,
Il faut bien s'y résoudre, et contenter les gens.
Si ce consentement porte en soi quelque offense,
Tant pis pour qui me force à cette violence ;
La faute assurément n'en doit pas être à moi.

TARTUFFE
Oui, madame, on s'en charge ; et la chose de soi…

ELMIRE
Ouvrez un peu la porte, et voyez, je vous prie,
Si mon mari n'est point dans cette galerie.

TARTUFFE
Qu'est-il besoin pour lui du soin que vous prenez [1] ?
C'est un homme, entre nous, à mener par le nez.
De tous nos entretiens il est pour faire gloire,
Et je l'ai mis au point de voir tout sans rien croire.

Molière, *Le Tartuffe ou l'Imposteur*,
Flammarion, coll. « Étonnants Classiques »,
2019, p. 158-163.

Questions

1. Comment Elmire pousse-t-elle Tartuffe à révéler sa vraie nature ?
2. Pourquoi Elmire tousse-t-elle et tape-t-elle sur la table ? En quoi ces didascalies sont-elles importantes ?

---

1. *Qu'est-il besoin pour lui du soin que vous prenez ?* : pourquoi prendre une telle précaution avec un homme comme lui ?

3. « C'est un rhume obstiné, sans doute ; et je vois bien / Que tous les jus du monde ici ne feront rien » : à qui s'adresse cette réplique en particulier ? Quelles figures de style y repérez-vous ?

4. En quoi le portrait final que Tartuffe dresse d'Orgon peut-il provoquer le rire ?

 ## Beaumarchais, *Le Mariage de Figaro* (1784)

Figaro doit épouser Suzanne, sa fiancée ; mais le Comte veut abuser de Suzanne en profitant de sa position de seigneur. Alors que cette dernière parle à Chérubin, jeune page du domaine, le Comte entre : Chérubin se cache derrière un fauteuil tandis que le Comte tente de séduire Suzanne. Mais arrive ensuite Bazile, le maître de clavecin de la Comtesse : qualifié par Suzanne d'« agent [des] plaisirs » du Comte, on sait dès la scène d'exposition qu'il cherche à convaincre la jeune femme de céder aux avances de ce dernier. C'est alors au tour du Comte de se cacher derrière le fauteuil, et à Chérubin de se blottir sur le fauteuil, dissimulé par des vêtements que Suzanne lui jette.

Acte I, scène 9

Le Comte et Chérubin *cachés*, Suzanne, Bazile.

Bazile. – N'auriez-vous pas vu monseigneur, mademoiselle ?

Suzanne, *brusquement.* – Hé ! pourquoi l'aurais-je vu ? Laissez-moi.

Bazile *s'approche.* – Si vous étiez plus raisonnable, il n'y aurait rien d'étonnant à ma question. C'est Figaro qui le cherche.

Suzanne. – Il cherche donc l'homme qui lui veut le plus de mal après vous ?

Le Comte, *à part.* – Voyons un peu comme il me sert.

Bazile. – Désirer du bien à une femme, est-ce vouloir du mal à son mari ?

SUZANNE. – Non, dans vos affreux principes, agent de corruption[1] !

BAZILE. – Que vous demande-t-on ici que vous n'alliez prodiguer à un autre ? Grâce à la douce cérémonie, ce qu'on vous défendait hier, on vous le prescrira demain.

SUZANNE. – Indigne !

BAZILE. – De toutes les choses sérieuses, le mariage étant la plus bouffonne, j'avais pensé…

SUZANNE, *outrée*. – Des horreurs. Qui vous permet d'entrer ici ?

BAZILE. – Là, là, mauvaise ! Dieu vous apaise ! il n'en sera que ce que vous voulez. Mais ne croyez pas non plus que je regarde monsieur Figaro comme l'obstacle qui nuit à monseigneur ; et, sans le petit page…

SUZANNE, *timidement*. – Don Chérubin ?

BAZILE *la contrefait*[2]. – *Cherubino di amore*, qui tourne autour de vous sans cesse, et qui ce matin encore rôdait ici pour y entrer, quand je vous ai quittée. Dites que cela n'est pas vrai ?

SUZANNE. – Quelle imposture ! Allez-vous-en, méchant homme !

BAZILE. – On est un méchant homme parce qu'on y voit clair. N'est-ce pas pour vous aussi cette romance dont il fait mystère[3] ?

SUZANNE, *en colère*. – Ah ! oui, pour moi !

BAZILE. – À moins qu'il ne l'ait composée pour madame ! En effet, quand il sert à table, on dit qu'il la regarde avec des yeux !… Mais, peste, qu'il ne s'y joue pas[4] ; monseigneur est brutal sur l'article[5].

SUZANNE, *outrée*. – Et vous bien scélérat, d'aller semant de pareils bruits pour perdre un malheureux enfant tombé dans la disgrâce de son maître.

---

1. *Corruption* : changement en mal, dégradation ; ici, la corruption concerne la vertu de Suzanne, son honnêteté.
2. *Contrefait* : imite.
3. Chérubin a écrit une romance qu'il a chantée à la Comtesse (acte II, scène 4) : il en est amoureux.
4. *Qu'il ne s'y joue pas* : qu'il ne s'y risque pas.
5. *Sur l'article* : sur le sujet.

BAZILE. – L'ai-je inventé ? Je le dis, parce que tout le monde en parle.
LE COMTE *se lève*. – Comment, tout le monde en parle !
SUZANNE. – Ah ! ciel !
BAZILE. – Ha, ha !
LE COMTE. – Courez, Bazile, et qu'on le chasse.
BAZILE. – Ah ! que je suis fâché d'être entré !
SUZANNE, *troublée*. – Mon Dieu ! mon Dieu !
LE COMTE, *à Bazile*. – Elle est saisie [1]. Asseyons-la dans ce fauteuil.
SUZANNE *le repousse vivement*. – Je ne veux pas m'asseoir. Entrer ainsi librement, c'est indigne !
LE COMTE. – Nous sommes deux avec toi, ma chère. Il n'y a plus le moindre danger !
BAZILE. – Moi je suis désolé de m'être égayé sur le page, puisque vous l'entendiez ; je n'en usais ainsi que pour pénétrer [2] ses sentiments, car au fond…
LE COMTE. – Cinquante pistoles [3], un cheval, et qu'on le renvoie à ses parents.
BAZILE. – Monseigneur, pour un badinage [4] ?
LE COMTE. – Un petit libertin que j'ai surpris encore hier avec la fille du jardinier.
BAZILE. – Avec Fanchette ?
LE COMTE. – Et dans sa chambre.
SUZANNE, *outrée*. – Où monseigneur avait sans doute affaire aussi ?
LE COMTE, *gaiement*. – J'en aime assez la remarque.
BAZILE. – Elle est d'un bon augure.
LE COMTE, *gaiement*. – Mais non ; j'allais chercher ton oncle Antonio, mon ivrogne de jardinier, pour lui donner des ordres. Je frappe, on est longtemps à m'ouvrir ; ta cousine a l'air empêtré, je prends un soupçon, je lui parle, et, tout en causant, j'examine.

---

1. *Saisie* : émue.
2. *Pénétrer* : connaître.
3. *Pistoles* : monnaie de l'époque.
4. *Badinage* : jeu, plaisanterie.

Il y avait derrière la porte une espèce de rideau, de porte-manteau, de je ne sais pas quoi, qui couvrait des hardes [1] ; sans faire semblant de rien, je vais doucement, doucement lever ce rideau *(pour imiter le geste il lève la robe du fauteuil)*, et je vois... *(Il aperçoit le page.)* Ah !...

BAZILE. – Ha, ha !

LE COMTE. – Ce tour-ci vaut l'autre.

BAZILE. – Encore mieux.

LE COMTE, *à Suzanne*. – À merveille, mademoiselle : à peine fiancée, vous faites de ces apprêts [2] ? C'était pour recevoir mon page que vous désiriez d'être seule ? Et vous, monsieur, qui ne changez point de conduite, il vous manquait de vous adresser, sans respect pour votre marraine, à sa première camériste [3], à la femme de votre ami ! Mais je ne souffrirai pas que Figaro, qu'un homme que j'estime et que j'aime, soit victime d'une pareille tromperie. Était-il avec vous, Bazile ?

SUZANNE, *outrée*. – Il n'y a tromperie ni victime ; il était là lorsque vous me parliez.

LE COMTE, *emporté*. – Puisses-tu mentir en le disant ! son plus cruel ennemi n'oserait lui souhaiter ce malheur.

SUZANNE. – Il me priait d'engager madame à vous demander sa grâce. Votre arrivée l'a si fort troublé, qu'il s'est masqué de ce fauteuil.

LE COMTE, *en colère*. – Ruse d'enfer ! je m'y suis assis en entrant.

CHÉRUBIN. – Hélas, monseigneur, j'étais tremblant derrière.

LE COMTE. – Autre fourberie ! je viens de m'y placer moi-même.

CHÉRUBIN. – Pardon, mais c'est alors que je me suis blotti dedans.

LE COMTE, *plus outré*. – C'est donc une couleuvre que ce petit... serpent-là ! il nous écoutait !

CHÉRUBIN. – Au contraire, monseigneur, j'ai fait ce que j'ai pu pour ne rien entendre.

---

1. *Hardes* : vêtements.
2. *Apprêts* : préparatifs.
3. *Camériste* : femme de chambre.

LE COMTE. – Ô perfidie ! *(À Suzanne.)* Tu n'épouseras pas Figaro.

Beaumarchais, Le Mariage de Figaro,
Flammarion, coll. « Étonnants Classiques »,
2019, p. 106-110.

Questions

1. Le Comte profite de sa cachette pour savoir comment Bazile le sert : qu'en pensez-vous ? Bazile agit-il comme le voudrait le Comte ?

2. Pourquoi le Comte sort-il de sa cachette ? Pourquoi aime-t-il « assez la remarque » que lui fait Suzanne ? Qu'est-ce que ce passage révèle du personnage ?

3. Quelle est l'importance du fauteuil dans cette scène ? À quels moments est-il au centre de l'attention (et des didascalies) ?

4. « Son plus cruel ennemi n'oserait lui souhaiter ce malheur » : quelle figure de style révèle ici la colère du Comte ? Comment cela complète-t-il ce que l'on comprend du personnage grâce aux répliques et aux didascalies ?

Feydeau, *La Dame de chez Maxim* (1899)

Dans ce vaudeville, Petypon et Mongicourt sont deux amis médecins. La veille, Mongicourt a convaincu Petypon de sortir ; or Petypon vient de se réveiller et s'est rendu compte qu'il a ramené une danseuse du Moulin-Rouge, surnommée « la Môme ». Son épouse, le croyant malade, lui apporte du thé ; Mongicourt en profite pour cacher « la Môme » dans la chambre de son ami. Mme Petypon explique alors à son mari que sa maladie est sans doute le résultat de son scepticisme : il n'a pas voulu croire au miracle de Houilles dont parlent les journaux, lors duquel la Vierge serait apparue à des mineurs.

Acte I, scène 7

MADAME PETYPON. – Oh ! ne faites donc pas les esprits forts !...
Et depuis, tous les soirs, la sainte réapparaît. C'est un fait, ça !...
Il n'y a pas à dire que cela n'est pas !... Et la preuve, c'est que je l'ai vue !

MONGICOURT, *bien appuyé*. – Vous ?

MADAME PETYPON. – Moi !... Elle m'a parlé !

MONGICOURT. – Non ?

MADAME PETYPON. – Elle m'a dit : « Ma fille ! le Ciel vous a choisie pour de grandes choses ! Bientôt vous recevrez la visite d'un séraphin [1] qui vous éclairera sur la mission que vous aurez à accomplir !... *(D'un geste large, les deux mains, la paume en l'air.)* Allez ! »

PETYPON, *profitant de la main en l'air de sa femme pour y déposer sa tasse*. – C'est ça ! va, ma grosse ! et débarrasse-moi de ma tasse.

MONGICOURT, *à Madame Petypon, qui se dirige vers la table pour y déposer la tasse*. – Et il est venu, le séraphin ?

MADAME PETYPON, *simplement*. – Je l'attends !

PETYPON, *gouailleur*. – Eh bien ! tu as le temps d'attendre !

VOIX DE LA MÔME, *dans la pièce du fond, comme une personne qui en a assez*. – Oh ! la, la ! la, la !

PETYPON, *bondissant, à part*. – Nom d'un chien, la Môme !

Il remonte vivement, à toute éventualité, près de la baie. [...].

VOIX DE LA MÔME. – Oh ! ben, zut, quoi ?... Ça va durer longtemps ?

PETYPON, *voyant sa femme qui prête l'oreille, donnant beaucoup de voix pour couvrir celle de la Môme*. – Ah !... Ha-ha !... Alors, tu crois aux apparitions, toi ?... Mongicourt ! elle croit aux apparitions !... Aha ! ah ! *(Bas et vivement.)* Mais, dis donc quelque chose, toi !

MONGICOURT, *même jeu*. – Ah !... Ha-ha ! Madame croit aux apparitions !

TOUS DEUX. – Aha ! elle croit aux apparitions ! Aha !

---

1. *Séraphin* : petit ange.

MADAME PETYPON, *d'une voix impérative*. – Taisez-vous donc ! On a parlé par là !

PETYPON, *se démenant et faisant beaucoup de bruit*. – Où donc ? J'ai pas entendu !… Tu as entendu, Mongicourt ?

MONGICOURT, *même jeu que Petypon*. – Pas du tout ; j'ai rien entendu ! J'ai rien entendu !

PETYPON, *même jeu*. – Nous n'avons rien entendu ! Il n'a rien entendu !

MADAME PETYPON. – Mais je suis sûre, moi !… C'est dans ta chambre [1] !

PETYPON *et* MONGICOURT. – Non ! Non !

VOIX DE LA MÔME, *d'une voix céleste et lointaine*. – Gabrielle !… Gabrielle !

PETYPON, *bondissant en arrière*. – Elle est folle, d'appeler ma femme !

MADAME PETYPON. – C'est moi qu'on appelle ! Nous allons bien voir.

PETYPON, *s'interposant en voyant sa femme remonter vers la baie*. – Non ! Non !

MADAME PETYPON, *le repoussant*. – Mais si, quoi ? *(Elle tire les rideaux de la baie et fait aussitôt un bond en arrière.)* Ah ! mon Dieu !

MONGICOURT, *riant sous cape*. – Nom d'un chien !

On aperçoit sur le pied du lit, dans la pénombre, une grande forme blanche, transparente et lumineuse. C'est la Môme, qui a fait la farce de se transformer en apparition. Pour cela, elle s'est couverte d'un drap de lit qui lui ceint le front et qu'elle ramène de ses deux mains sur la poitrine, de façon à laisser le visage visible. Sous le drap, elle tient un réflecteur électrique qui projette sa lumière sur sa figure. Toute la pièce du fond est dans l'obscurité, de façon à rendre plus intense la vision.

MADAME PETYPON. – Qu'est-ce que c'est que ça ?

PETYPON *et* MONGICOURT, *faisant ceux qui ne voient pas*. – Quoi ? Quoi ?

---

[1]. Comme il arrive dans les familles bourgeoises, les deux époux font chambre à part.

MADAME PETYPON, *indiquant la Môme*. – Là ! Là ! Vous ne voyez pas ?
PETYPON *et* MONGICOURT. – Non ! Non !
MADAME PETYPON. – Voyons, ce n'est pas possible ! Je ne rêve pas ! Attends, j'en aurai le cœur net !
Elle fait mine de se diriger vers le fond.
LA MÔME, *voix céleste jusqu'à la fin de la scène*. – Arrête ! *(Cet ordre coupe l'élan de Madame Petypon, qui, le corps à demi prosterné, les bras tendus, décrit une conversion qui l'amène face au public, à gauche de la table. Arrivée là, elle reste dans son attitude à demi prosternée et écoute ainsi les paroles de la Môme.)* C'est pour toi que je viens, Gabrielle !
MADAME PETYPON, *les bras tendus, la tête courbée*. – Hein !
LA MÔME. – Ces profanes [1] ne peuvent me voir ! Pour toi seule je suis visible !
MADAME PETYPON. – Est-il possible !...
LA MÔME. – Ma fille, prosterne-toi !... Je suis le séraphin dont tu attends la venue.
MADAME PETYPON, *d'une voix radieuse*. – Le séraphin ! *(Se mettant à genoux, – et à Petypon et à Mongicourt.)* À genoux ! À genoux, vous autres !
PETYPON *et* MONGICOURT, *ayant peine à retenir leur rire, et entrant dans le jeu de la Môme*. – Pourquoi ? Pourquoi ça ?
MADAME PETYPON, *comme illuminée*. – Le séraphin est là ! Vous ne pouvez le voir ! Mais je l'entends ! je le vois ; il me parle !
LA MÔME, *à part, sur le ton faubourien* [2]. – Eh ! bien, elle en a une santé !

Georges Feydeau, *La Dame de chez Maxim*, Flammarion, coll. « GF », 2017, p. 84-87.

---

1. Profanes : antonyme de « sacrés ». Le profane est ce qui est uniquement humain, sans caractère religieux ou sacré.
2. Faubourien : habitant des faubourgs, c'est-à-dire des quartiers populaires de Paris.

Questions

1. Où la Môme se situe-t-elle dans cette scène ? Est-elle visible ou cachée ? Qu'en conclut-on sur l'utilisation de l'espace scénique ?

2. Notez les didascalies qui concernent Mme Petypon : que comprend-on de ce personnage grâce à elles ?

3. Comment Petypon et Mongicourt réagissent-ils à l'idée de la Môme ? Sont-ils des spectateurs au même titre que Mme Petypon de ce qui se passe sur la scène ?

4. En quoi peut-on dire que ce passage joue avec l'idée de la représentation théâtrale ? À quel moment ce jeu est-il le plus visible ?

Le théâtre dans le théâtre
(groupement de textes n° 2)

Les répétitions, l'attente du public, la représentation ou les coulisses : le théâtre est un spectacle que les dramaturges aiment à représenter. Cet effet de dédoublement est appelé « théâtre dans le théâtre » ou plus généralement mise en abyme.

Le spectacle et la comédie se rapprochent alors d'une expression qui a fait florès, celle du *theatrum mundi* (« le théâtre du monde ») : prisée des auteurs de l'époque baroque, elle suggère que le monde est comme un théâtre dans lequel se déroulent des péripéties diverses. C'est ce que rappelle le procédé du théâtre dans le théâtre : par ce jeu avec le public, le dramaturge modifie le rapport à l'imitation théâtrale et introduit une mise à distance de la représentation qui fait réfléchir le spectateur à ce qu'il voit sur scène.

Dans *Le Songe d'une nuit d'été*, la représentation d'un intermède distrait ainsi les personnages nobles que sont Thésée et Hippolyta et provoque l'enchâssement des espaces scéniques ; dans les scènes d'exposition de *Cyrano de Bergerac* et d'*Une tempête*, les dramaturges montrent les à-côtés de la scène : un public qui passe le temps en attendant une représentation, un metteur en scène qui choisit les acteurs sont autant de moyens pour enrichir l'expérience théâtrale du spectateur.

Shakespeare, *Le Songe d'une nuit d'été* (1600)

Thésée, duc d'Athènes, s'apprête à épouser Hippolyta, reine des Amazones : à cette occasion, des artisans athéniens mettent en scène un intermède représentant l'histoire de Pyrame et Thisbé. Celle-ci est connue : les deux jeunes gens, amoureux malgré l'interdiction de leurs parents, ont l'habitude de se parler à travers le mur qui sépare leurs propriétés. Ils se donnent rendez-vous une nuit pour fuir ; mais une lionne arrive et Thisbé, prenant peur, s'enfuit en laissant son voile que la lionne ensanglante. Pyrame se suicide en trouvant le voile, certain que Thisbé est morte ; elle fait de même en découvrant le corps de son amant.

Dans l'extrait qui suit, Démétrius est l'un des invités de la noce ; Marmiteux est l'un des acteurs dont on a vu les préparatifs : la pièce de Shakespeare a en effet montré la distribution des rôles, la répétition... jusqu'à la représentation qui a lieu ici.

Acte V, scène 1

LE MUR, *s'avançant.*
Dans ce même intermède il arrive que moi,
Le nommé Marmiteux, je représente un mur
Et ce mur se perçait, je vous prie de le croire,
D'un trou en forme de crevasse ou bien de fente,
Par où les amoureux, Pyrame et sa Thisbé,
Chuchotaient leur amour dans le plus grand secret.

Ce torchis, ce plâtras, cette pierre [1] vous montrent
Que je suis bien un mur ; la vérité le veut.
Et que voici la fente, à droite comme à gauche,
Par où vont chuchoter les craintifs amoureux.

Il allonge les doigts.

THÉSÉE
Peut-on souhaiter que s'exprime mieux de la chaux à poil d'homme ?

DÉMÉTRIUS
C'est la plus spirituelle muraille de science que j'aie jamais entendue discourir, Monseigneur.

Pyrame s'avance.

THÉSÉE
Voilà Pyrame qui s'approche du mur. Silence !

PYRAME
Nuit inflexible ! ô nuit aux ténèbres si noires !
Ô nuit qui est partout quand s'absente le jour !
Ô nuit, ô nuit ! hélas, hélas, trois fois hélas !
Je crains bien que ma Thisbé n'ait oublié sa promesse.
Et toi, ô mur, ô doux mur, ô délicieux,
Qui te dresses entre le terrain de son père et le mien,
Montre-moi donc ta fente où cligneront mes yeux.

Le mur obéit.

Ô merci, mur courtois, que Jupiter te protège pour la peine !
Mais que vois-je ? Ou plutôt que ne vois-je Thisbé ?
Méchant mur où je ne vois pas ma félicité,
Mur des déceptions, maudites soient tes pierres !

THÉSÉE
À mon avis le mur qui est si sensible devrait riposter.

PYRAME
Non, monsieur, en vérité : « Maudites soient tes pierres » introduit la

---

1. *Torchis, plâtras, pierre, chaux* : éléments dont le mur est composé.

Parcours : « Spectacle et comédie » | **183**

réplique de Thisbé ; elle doit se montrer maintenant et je dois l'épier à travers le mur. Vous allez voir, ça va se passer tout comme je vous l'ai dit. La voilà qui vient.

Entre Thisbé.

THISBÉ

Ô mur qui tant de fois m'entendis gémir,
Toi qui me séparais de mon beau Pyrame.
Mes lèvres de cerise ont tant de fois baisé
Tes pierres où plâtras, poil humain ne font qu'un.

PYRAME

J'aperçois une voix et je cours à la fente
Pour épier si on entend ton visage, Thisbé.
Ma Thisbé !

THISBÉ

Ô je crois que c'est toi, toi de l'autre côté.

PYRAME

Crois ce que tu voudras, ton gracieux amant
C'est moi, toujours aussi fidèle que Limandre [1].

THISBÉ

Moi comme Hélène avant que le destin me tue.

PYRAME

Shafale ne fut pas plus fidèle à Procrus.

THISBÉ

Moi pour toi c'est Shafale et toi pour moi Procrus !

PYRAME

Baise-moi par le trou de ce mur odieux.

---

1. Limandre devrait être Léandre : les acteurs se trompent dans les noms. Ils se trompent aussi en disant Hélène, Shafale et Procrus : ils devraient dire Héros, Céphale et Proscris.

THISBÉ
Je ne baise qu'un trou de mur et non vos lèvres.

PYRAME.
Veux-tu me retrouver au tombeau du Minus [1] ?

THISBÉ
J'y serai même morte et sans aucun délai.

Sortent Pyrame et Thisbé.

LE MUR
Voilà comment moi, mur, j'ai joué tout mon rôle,
Et son rôle ainsi joué s'en va le mur.

Il sort.

THÉSÉE
Maintenant, c'est la Lune qui va séparer les deux voisins.

DÉMÉTRIUS
Qu'y faire, Monseigneur, quand les murs sont assez têtus pour écouter sans prévenir.

HIPPOLYTA
Voilà la pièce la plus stupide que j'aie jamais entendue.

William Shakespeare, *Le Songe d'une nuit d'été*,
trad. Jules Supervielle, Flammarion, coll. « GF », 2018, p. 201-207.

Questions

1. L'histoire de Pyrame et Thisbé relève-t-elle de la comédie ou de la tragédie ? Que pensez-vous de la pièce représentée ici ?

---

[1]. C'est normalement le tombeau de Ninus, roi de Babylone ; mais les acteurs ont déjà eu du mal à prononcer correctement le nom (acte III, scène 1 : Ninus devient « Nini »).

2. Les spectateurs (Thésée, Hippolyta, Démétrius) apprécient-ils la pièce ? Comment interviennent-ils ?

3. Comment Pyrame et Thisbé parlent-ils au mur ? Comment comprend-on les didascalies qui concernent le mur ?

4. « Non, monsieur, en vérité : "Maudites soient tes pierres" introduit la réplique de Thisbé ; elle doit se montrer maintenant et je dois l'épier à travers le mur. Vous allez voir, ça va se passer tout comme je vous l'ai dit. La voilà qui vient » : pourquoi cette réplique de Pyrame est-elle comique ? Y a-t-il d'autres répliques qui ressemblent à celle-ci ?

Rostand, *Cyrano de Bergerac* (1897)

La pièce d'Edmond Rostand porte comme titre le nom de Savinien Cyrano de Bergerac (1619-1655), auteur de romans et de pièces. Le héros éponyme n'apparaît pas dans les premiers instants de la pièce : la scène d'exposition présente d'abord le cadre de l'hôtel de Bourgogne, sur la scène duquel va se produire le comédien Montfleury dans la pièce *La Clorise*. Cyrano lui a interdit de jouer : le public qui s'installe vient pour la pièce autant que pour l'esclandre. De fait, Montfleury ne pourra prononcer que quelques mots avant d'être interrompu par Cyrano.

Acte premier

Une représentation à l'hôtel de Bourgogne

La salle de l'hôtel de Bourgogne, en 1640. Sorte de hangar de jeu de paume[1] *aménagé et embelli pour des représentations.*
La salle est un carré long ; on la voit en biais, de sorte qu'un de ses côtés forme le fond qui part du premier plan, à droite, et va

---

1. Le *jeu de paume*, très prisé sous l'Ancien Régime, est un jeu de balle. Il se jouait dans de grandes pièces carrées.

au dernier plan, à gauche, faire angle avec la scène, qu'on aperçoit en pan coupé.
Cette scène est encombrée, des deux côtés, le long des coulisses, par des banquettes. Le rideau est formé par deux tapisseries qui peuvent s'écarter. Au-dessus du manteau d'Arlequin, les armes royales. On descend de l'estrade dans la salle par de larges marches. De chaque côté de ces marches, la place des violons. Rampe de chandelles.
Deux rangs superposés de galeries latérales : le rang supérieur est divisé en loges. Pas de sièges au parterre, qui est la scène même du théâtre ; au fond de ce parterre, c'est-à-dire à droite, premier plan, quelques bancs formant gradins et, sous un escalier qui monte vers des places supérieures, et dont on ne voit que le départ, une sorte de buffet orné de petits lustres, de vases fleuris, de verres de cristal, d'assiettes de gâteaux, de flacons, etc.
Au fond, au milieu, sous la galerie de loges, l'entrée du théâtre. Grande porte qui s'entrebâille pour laisser passer les spectateurs. Sur les battants de cette porte, ainsi que dans plusieurs coins et au-dessus du buffet, des affiches rouges sur lesquelles on lit : La Clorise. Au lever du rideau, la salle est dans une demi-obscurité, vide encore. Les lustres sont baissés au milieu du parterre, attendant d'être allumés.

Scène première

Le Public, qui arrive peu à peu. Cavaliers, Bourgeois,
Laquais, Pages, Tire-Laine, Le Portier, etc., puis
les Marquis, Cuigy, Brissaille, La Distributrice [1],
les Violons, etc.

> *On entend derrière la porte un tumulte de voix, puis un cavalier entre brusquement.*

Le portier, *le poursuivant.*

Holà ! vos quinze sols !

---

1. Le ***tire-laine*** est l'équivalent du voleur à la tire, du pickpocket ; la ***distributrice*** circule dans la pièce en vendant à boire et à manger.

LE CAVALIER.
J'entre gratis !

LE PORTIER.
Pourquoi ?

LE CAVALIER.
Je suis chevau-léger de la maison du Roi [1] !

LE PORTIER, *à un autre cavalier qui vient d'entrer.*
Vous ?

DEUXIÈME CAVALIER.
Je ne paye pas !

LE PORTIER.
Mais…

DEUXIÈME CAVALIER.
Je suis mousquetaire [2].

PREMIER CAVALIER, *au deuxième.*
On ne commence qu'à deux heures. Le parterre
Est vide. Exerçons-nous au fleuret [3].

Ils font des armes avec des fleurets qu'ils ont apportés.

UN LAQUAIS, *entrant.*
Pst… Flanquin…

UN AUTRE, *déjà arrivé.*
Champagne [4] ?…

---

1. *Chevau-léger* : type de soldat. Le personnage appartient ici aux chevau-légers du roi, ce qui veut dire qu'il est sans doute noble.
2. *Mousquetaire* : autre type de soldat, armé d'un mousquet, c'est-à-dire d'une arme à feu.
3. Le *fleuret* est un type d'épée utilisé pour l'entraînement : sa lame est plus longue que celle de l'épée, plus flexible.
4. Il s'agit du nom du laquais.

LE PREMIER, *lui montrant des jeux qu'il sort de son pourpoint.*
Cartes. Dés.

Il s'assied par terre.

Jouons.

LE DEUXIÈME, *même jeu.*
Oui, mon coquin.

PREMIER LAQUAIS, *tirant de sa poche
un bout de chandelle qu'il allume et colle par terre.*
J'ai soustrait à mon maître un peu de luminaire.

UN GARDE, *à une bouquetière qui s'avance.*
C'est gentil de venir avant que l'on n'éclaire !…

Il lui prend la taille.

UN DES BRETTEURS, *recevant un coup de fleuret.*
Touche !

UN DES JOUEURS.
Trèfle !

LE GARDE, *poursuivant la fille.*
Un baiser !

LA BOUQUETIÈRE, *se dégageant.*
On voit !…

LE GARDE, *l'entraînant dans les coins sombres.*
Pas de danger !

UN HOMME,
s'asseyant par terre avec d'autres porteurs de provisions de bouche.
Lorsqu'on vient en avance, on est bien pour manger.

UN BOURGEOIS, *conduisant son fils.*
Plaçons-nous là, mon fils.

UN JOUEUR.
Brelan d'as !

Parcours : « Spectacle et comédie »

UN HOMME, *tirant une bouteille de sous son manteau et s'asseyant aussi.*
Un ivrogne
Doit boire son bourgogne [1]...

Il boit.

à l'hôtel de Bourgogne !

LE BOURGEOIS, *à son fils.*
Ne se croirait-on pas en quelque mauvais lieu ?

Il montre l'ivrogne du bout de sa canne.

Buveurs...

En rompant [2], un des cavaliers le bouscule.

Bretteurs !

Il tombe au milieu des joueurs.

Joueurs !

LE GARDE, *derrière lui, lutinant [3] toujours la femme.*
Un baiser !

LE BOURGEOIS, *éloignant vivement son fils.*
Jour de Dieu !
– Et penser que c'est dans une salle pareille
Qu'on joua du Rotrou, mon fils [4] !

LE JEUNE HOMME.
Et du Corneille !

UNE BANDE DE PAGES [5], *se tenant par la main,
entre en farandole et chante.*
Tra la la la la la la la la la lère...

---

1. *Bourgogne* : désigne le vin de Bourgogne.
2. *En rompant* : dans le vocabulaire de l'escrime, « rompre » veut dire reculer.
3. *Lutinant* : taquinant pour plaisanter, agaçant pour jouer ; mais toujours en profitant de la situation pour s'autoriser des gestes familiers. Ici, le garde veut embrasser la jeune femme.
4. Jean de Rotrou (1609-1650) est un grand auteur, poète et dramaturge.
5. *Pages* : jeunes hommes au service d'un noble ; initialement, le page est lui-même de famille noble, mais il sert des maîtres de plus grande noblesse et apprend à leur contact. Le page est donc un jeune homme intelligent et souvent malicieux.

LE PORTIER, *sévèrement aux pages.*
Les pages, pas de farce !…

Edmond Rostand, *Cyrano de Bergerac*,
Flammarion, coll. « Étonnants Classiques »,
2017, p. 21-26.

Questions

1. Que décrit la didascalie initiale ? Quels sont les détails du lieu ?
2. Quels statuts sociaux ont les personnages qui prennent la parole dans cette scène d'exposition ?
3. Quelles références au théâtre sont faites ici ?
4. Que veut montrer Rostand, à votre avis, en commençant ainsi sa scène ? Quelle image donne-t-il du théâtre ?

 ## Césaire, *Une tempête* (1969)

Dans *Une tempête*, Aimé Césaire réécrit *La Tempête* (*The Tempest*), pièce de Shakespeare, en l'adaptant à un « théâtre nègre » issu du mouvement de la négritude. Ce mouvement, né dans les années 1930, revendique esthétiquement et politiquement une identité noire, d'où son nom. Le personnage de Caliban, en particulier, condense certains changements et donne à lire différemment ce que Shakespeare avait écrit : fils de la sorcière Sycorax, monstrueux et malfaisant, Caliban est l'esclave du magicien Prospero et n'est qu'un personnage secondaire dans la pièce d'origine ; dans la version de Césaire, il devient un personnage principal et incarne la révolte des peuples colonisés. Voici comment s'ouvre la pièce.

Parcours : « Spectacle et comédie » | 191

Acte I

[...]

Atmosphère de psychodrame. Les acteurs entrent les uns après les autres et chacun choisit un masque à sa convenance.

Le meneur de jeu. – Allons, Messieurs, servez-vous... À chacun son personnage et à chaque personnage son masque. Toi, Prospéro ? Pourquoi pas ? Il y a des volontés de puissance qui s'ignorent ! Toi, Caliban ? Tiens, tiens, c'est révélateur ! Toi, Ariel ! Je n'y vois aucun inconvénient. Et Stéphano ? Et Triunculo ? Pas d'amateurs ? Oui ! À la bonne heure ! Il faut de tout pour faire un monde.

Et après tout, ceux-là ne sont pas les pires ! Pour les jeunes premiers Miranda et Ferdinand, pas de difficultés... Vous, d'accord ! Pas de difficultés non plus pour les scélérats : vous Antonio, vous Alonso, parfait ! Dieu ! J'oubliais les dieux ! Eshu te va comme un gant ! Quant aux autres, débrouillez-vous ! Alors, choisissez... Mais il y en a un que je choisis : c'est toi ! Tu comprends, c'est la Tempête. Il me faut une tempête à tout casser... Alors, il me faut un costaud pour faire le Vent. Alors, c'est toi ? D'accord ! Et puis un Commandant à poigne pour le bateau ! Bon, maintenant, allez-y... Attention ! C'est parti ! Vents, soufflez ! Pluie et éclairs, à volonté !

Scène 1

Gonzalo. – Bien entendu, nous ne sommes qu'un fétu de paille dans cet océan déchaîné, mais Messieurs, tout n'est pas pour autant perdu, il n'y a qu'à tâcher de gagner le centre de la tempête.

Antonio. – Il est dit que ce vieux radoteur nous rasera jusqu'au bout !

Sébastien. – Hélas ! Jusqu'à la dernière tasse.

Gonzalo. – Saisissez-moi bien. Imaginez un gigantesque verre de lampe qui se propulserait à la vitesse d'un cheval au galop et dont le centre resterait impassible comme l'œil du cyclope. C'est précisément ce secteur de calme que l'on appelle l'œil du cyclone et qu'il s'agirait d'atteindre.

ANTONIO. – Joli ! En somme vous voulez dire que le cyclone ou le cyclope, ne voyant pas la paille qui est dans son œil, nous en réchapperions ! Cela est en effet lumineux !

GONZALO. – Si vous voulez ; c'est une manière plaisante de dire la chose. Littéralement faux et absolument vrai. Mais pourquoi ce remue-ménage ? Le capitaine a l'air inquiet ! *(Il appelle.)* ... Capitaine !

LE CAPITAINE, *haussant les épaules*. – Maître !

LE MAÎTRE. – Présent !

LE CAPITAINE. – Nous sommes au vent de l'île. Du train dont ça va, on échoue ! il n'y a plus qu'à manœuvrer. Faut voir à mettre à la cape. *(Il sort.)*

LE MAÎTRE. – Allons les gars ! À la manœuvre ! Amenez le hunier ! Range à la hale ! Halez bas ! Halez bas !

ALONZO, *s'approchant*. – Alors, Maître, où en sommes-nous ? Comment se présente la situation ?

Aimé Césaire, Une tempête, © Éditions du Seuil, 1969, rééd. coll. « Points », 1997.

Questions

1. Comment pourrait-on appeler le « meneur de jeu » présent au début de l'extrait ? Quel est son rôle ?

2. Pourquoi, à votre avis, Aimé Césaire choisit-il de commencer sa pièce sur la mise en place des acteurs ? En quoi ce théâtre dans le théâtre peut-il souligner les liens de l'œuvre avec la pièce de Shakespeare ?

3. À partir de la réplique du meneur de jeu, comment imagine-t-on les mouvements des personnages présents sur scène ?

4. Que peut penser le spectateur de l'enchaînement entre la réplique du meneur de jeu et celle de Gonzalo ? Font-elles partie du même lieu ?

Vers l'écrit du bac

(sujets d'entraînement)

Dissertation sur l'œuvre

Un critique écrit à propos de la pièce : « Fin virevoltante, sans doute, que celle du *Malade*, mais profondément pessimiste sur la nature humaine soumise au règne des puissances trompeuses ». Que pensez-vous de cette analyse de la pièce ? Vous traiterez ce sujet en vous appuyant sur votre connaissance de l'œuvre et des textes étudiés dans le cadre du parcours associé.

(T. Gheeraert, « Le comédien malgré lui. Théâtre et médecine dans *Monsieur de Pourceaugnac* et *Le Malade imaginaire* », *Études Épistémè*, 2009, n° 16. URL : http://journals.openedition.org/episteme/681).

Commentaire de texte

Faites le commentaire de l'extrait suivant : acte I, scène 5 de *Monsieur de Pourceaugnac*, comédie-ballet de Molière et Lully (1669).

Éraste aime Julie, mais son père la force à épouser M. de Pourceaugnac, gentilhomme limousin. Pour empêcher ce mariage, les jeunes gens décident de piéger le gentilhomme : Éraste lui offre d'abord de loger chez lui, avant d'aller quérir un médecin, afin de lui expliquer que M. de Pourceaugnac est atteint de folie et doit être soigné.

Acte I, scène 5

L'APOTHICAIRE, ÉRASTE.

ÉRASTE. – Je crois, Monsieur, que vous êtes le médecin à qui l'on est venu parler de ma part.

L'APOTHICAIRE. – Non, Monsieur, ce n'est pas moi qui suis le médecin ; à moi n'appartient pas cet honneur, et je ne suis qu'apothicaire, apothicaire indigne, pour vous servir.

ÉRASTE. – Et Monsieur le médecin est-il à la maison ?

L'APOTHICAIRE. – Oui, il est là embarrassé à expédier quelques malades, et je vais lui dire que vous êtes ici.

ÉRASTE. – Non, ne bougez : j'attendrai qu'il ait fait ; c'est pour lui mettre entre les mains certain parent que nous avons, dont on lui a parlé, et qui se trouve attaqué de quelque folie, que nous serions bien aises qu'il pût guérir avant que de le marier [1].

L'APOTHICAIRE. – Je sais ce que c'est, je sais ce que c'est, et j'étais avec lui quand on lui a parlé de cette affaire. Ma foi, ma foi ! vous ne pouviez pas vous adresser à un médecin plus habile : c'est un homme qui sait la médecine à fond, comme je sais ma croix de par Dieu, et qui, quand on devrait crever, ne démordrait pas d'un iota des règles des anciens. Oui, il suit toujours le grand chemin, le grand chemin, et ne va point chercher midi à quatorze heures ; et pour tout l'or du monde, il ne voudrait point avoir guéri une personne avec d'autres remèdes que ceux que la Faculté permet.

ÉRASTE. – Il fait fort bien : un malade ne doit point vouloir guérir que la Faculté n'y consente [2].

L'APOTHICAIRE. – Ce n'est pas parce que nous sommes grands amis, que j'en parle ; mais il y a plaisir, il y a plaisir d'être son malade ; et j'aimerais mieux mourir de ses remèdes que de guérir de ceux d'un autre ; car, quoi qui puisse arriver, on est assuré que les choses sont toujours dans l'ordre ; et quand on meurt sous sa conduite, vos héritiers n'ont rien à vous reprocher.

ÉRASTE. – C'est une grande consolation pour un défunt.

L'APOTHICAIRE. – Assurément : on est bien aise au moins d'être mort méthodiquement. Au reste, il n'est pas de ces médecins qui marchandent les maladies : c'est un homme expéditif, expéditif, qui aime à dépêcher ses malades ; et quand on a à mourir, cela se fait avec lui le plus vite du monde.

---

[1]. Éraste fait passer M. de Pourceaugnac pour un de ses parents afin de justifier le recours à un médecin.

[2]. Un malade ne doit point vouloir guérir si les médecins de la Faculté ne veulent pas qu'il guérisse.

ÉRASTE. – En effet, il n'est rien tel que de sortir promptement d'affaire.

L'APOTHICAIRE. – Cela est vrai : à quoi bon tant barguigner et tant tourner autour du pot ? Il faut savoir vitement le court ou le long d'une maladie

ÉRASTE. – Vous avez raison.

L'APOTHICAIRE. – Voilà déjà trois de mes enfants dont il m'a fait l'honneur de conduire la maladie, qui sont morts en moins de quatre jours et qui, entre les mains d'un autre, auraient langui plus de trois mois.

ÉRASTE. – Il est bon d'avoir des amis comme cela.

L'APOTHICAIRE. – Sans doute. Il ne me reste plus que deux enfants, dont il prend soin comme des siens ; il les traite et gouverne à sa fantaisie, sans que je me mêle de rien ; et le plus souvent, quand je reviens de la ville, je suis tout étonné que je les trouve saignés ou purgés par son ordre.

ÉRASTE. – Voilà des soins fort obligeants.

L'APOTHICAIRE. – Le voici, le voici, le voici qui vient.

Molière, *Monsieur de Pourceaugnac*, *Œuvres complètes*, vol. 2, Gallimard, coll. « Bibliothèque de la Pléiade », 2010.

Prolongement : lectures cursives